渌渚周雄孝子祭

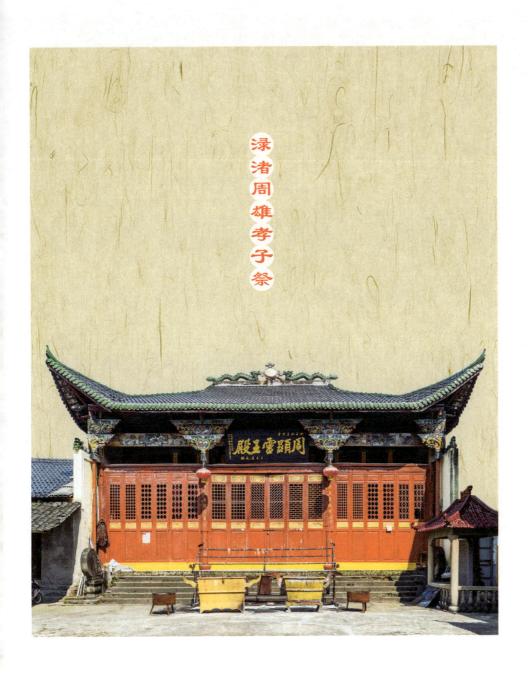

渌渚周雄孝子祭

总主编 褚子育

浙江省非物质文化遗产代表作丛书

浙江摄影出版社

方仁英 编著

总　序

中共浙江省委书记
浙江省人大常委会主任　车俊

　　非物质文化遗产是一个民族的精神印记，是一个地方的文化瑰宝。浙江作为中华文明的重要发祥地，在悠久的历史长河中孕育了璀璨夺目、蔚为壮观的非物质文化遗产。隆重恢弘的轩辕祭典、大禹祭典、南孔祭典等，见证了浙江民俗的源远流长；引人入胜的白蛇传传说、梁祝传说、西施传说、济公传说等，展示了浙江民间文学的价值底蕴；婉转动听的越剧、绍剧、瓯剧、高腔、乱弹等，彰显了浙江传统戏剧的独特魅力；闻名遐迩的龙泉青瓷、绍兴黄酒、金华火腿、湖笔等，折射了浙江传统技艺的高超精湛……这些非物质文化遗产，鲜活而生动地记录了浙江人民的文化创造和精神追求。

　　习近平总书记在浙江工作期间，高度重视文化建设。他在"八八战略"重大决策部署中，明确提出要"进一步发挥浙江的人文优势，积极推进科教兴省、人才强省，加快建设文化大省"，亲自部署推动一系列传统文化保护利用的重点工作和重大工程，并先后6次对非物质文化遗产保护作出重要批示，为浙江文化的传承和复兴注入了时代活力、奠定了坚实基础。历届浙江省委坚定不移沿着习近平总书记指引的路子走下去，坚持一张蓝图绘到底，一年接着一年干，推动全省文化建设实现了从量的积累向质的飞跃，在打造全国非物质文化遗产保护高地上迈出了坚实的步伐。已经公布的四批国家级非物质文化遗产名录中，浙江以总数217项蝉联"四连冠"，这是文化浙江建设结出的又一硕果。

历史在赓续中前进，文化在传承中发展。党的十八大以来，习近平总书记站在建设社会主义文化强国的战略高度，对弘扬中华优秀传统文化作出一系列深刻阐述和重大部署，特别是在十九大报告中明确要求，加强文物保护利用和文化遗产保护传承。这些都为新时代非物质文化遗产保护工作指明了前进方向。我们要以更加强烈的文化自觉，进一步深入挖掘浙江非物质文化遗产所蕴含的思想观念、人文精神、道德规范，结合时代要求加以创造性转化、实现创新性发展，努力使优秀传统文化活起来、传下去，不断满足浙江人民的精神文化需求、丰富浙江人民的精神家园。我们要以更加坚定的文化自信，进一步加强对外文化交流互鉴，积极推动浙江的非物质文化遗产走出国门、走向世界，讲好浙江非遗故事，发出中华文明强音，让世界借由非物质文化遗产这个窗口更全面地认识浙江、更真实地读懂中国。

现在摆在大家面前的这套丛书，深入挖掘浙江非物质文化遗产代表作的丰富内涵和传承脉络，是浙江文化研究工程的优秀成果，是浙江重要的"地域文化档案"。从2007年开始启动编撰，到本次第四批30个项目成书，这项历时12年的浩大文化研究工程终于画上了一个圆满句号。我相信，这套丛书将有助于广大读者了解浙江的灿烂文化，也可以为推进文化浙江建设和非物质文化遗产保护提供有益的启发。

前　言

浙江省文化和旅游厅党组书记、厅长　褚子育

"东南形胜，三吴都会，钱塘自古繁华。"秀美的河山、悠久的历史、丰厚的人文资源，共同孕育了浙江多彩而又别具特色的文化，在浙江大地上散落了无数的文化瑰宝和遗珠。非物质文化遗产保护工程，在搜集、整理、传播和滋养优秀传统文化中发挥了巨大的作用，浙江也无愧于走在前列的要求。截至目前，浙江共有8个项目列入联合国教科文组织人类非遗代表作名录、2个项目列入急需保护的非遗名录；2006年以来，国务院先后公布了四批国家级非物质文化遗产名录，浙江217个项目上榜，蝉联"四连冠"；此外，浙江还拥有886个省级非遗项目、5905个市级非遗项目、14644个县级非遗项目。这些非物质文化遗产，是浙江历史的生动见证，是浙江文化的重要体现，也是中华优秀传统文化的结晶，华夏文明的瑰宝。

如果将每一个"国家级非遗项目"比作一座宝藏，那么您面前的这本"普及读本"，就是探寻和解码宝藏的一把钥匙。这217册读本，分别从自然环境、历史人文、传承谱系、代表人物、典型作品、保护发展等入手，图文并茂，深入浅出，多角度、多层面地揭示浙江优秀传统文化的丰富内涵，展现浙江人民的精神追求，彰显出浙江深厚的文化软实力，堪

称我省非遗保护事业不断向纵深推进的重要标识。

这套丛书，历时12年，凝聚了全省各地文化干部、非遗工作者和乡土专家的心血和汗水：他们奔走于乡间田野，专注于青灯黄卷，记录、整理了大量流失在民间的一手资料。丛书的出版，也得到了各级党政领导，各地文化部门、出版部门等的大力支持！作为该书的总主编，我心怀敬意和感激，在此谨向为这套丛书的编纂出版付出辛勤劳动，给予热情支持的所有同志，表达由衷的谢意！

习近平总书记指出："每一种文明都延续着一个国家和民族的精神血脉，既需要薪火相传、代代守护，更需要与时俱进、勇于创新。"省委书记车俊为丛书撰写了总序，明确要求我们讲好浙江非遗故事，发出中华文明强音，让世界借由非物质文化遗产这个窗口更全面地认识浙江、更真实地读懂中国。

新形势、新任务、新要求，全省文化和旅游工作者能够肩负起这一光荣的使命和担当，进一步推动非遗创造性转化和创新性发展，讲好浙江故事，让历史文化、民俗文化"活起来"；充分利用我省地理风貌多样、文化丰富多彩的优势，保护传承好千百年来文明演化积淀下来的优秀传统文化，进一步激活数量巨大、类型多样、斑斓多姿的文化资源存量,唤醒非物质文化遗产所蕴含的无穷魅力,努力展现"浙江文化"风采,塑造"文化浙江"形象,让浙江的文脉延续兴旺,为奋力推进浙江"两个高水平"建设提供精神动力、智力支持,为践行"'八八战略'再深化,改革开放再出发"注入新的文化活力。

目录

"天下佳山水，古今推富春"，富阳古称富春，是一座典型的江南山水城市、历史文化名郡，也是一座民营经济相对发达的产业城市和充满前景的活力城市。作为文化城市，孝道这一文脉在富阳可谓薪火相传，历久弥新。历史上，有文献记载的富阳孝子很多，如东汉末年为人至孝的孙钟、北宋东梓关孝子许彧、南宋渌渚孝子周雄、元代新登孝子周德骥、清代大源新关村孝子蒋元顺、环山诸家坞孝子胡谦、常绿大章村孝子章超……在这些孝子中，最负盛名的还是南宋大孝子周雄。

周雄的孝道，不仅仅体现在对于母亲尽心竭力，还体现在他的孝心被推及乡邻、社会，所以周雄的"孝"是大孝。周雄的人生虽然只有短短二十四年，但他的"孝"却博得了历代百姓的尊崇。历史上，周雄信俗遍及浙、皖、苏、赣四省，周雄神受到宋、元、明、清四个朝代六位皇帝的十一次敕封。2014年11月，孝子祭作为民间信俗扩展项目，入选第四批国家级非物质文化遗产代表性项目名录。

孝子祭是周氏宗族与地方民众为纪念孝子周雄举行的祭祀典礼。自道光二年（1822）孝子祭实行官方祭祀开始，新登知县吴墉根据民众请求，确立了每年三月初三、九月初十举行春秋二祭。孝子祭风俗绵延数百年，其间官方祭祀偶尔举行。祭祀活动带动大量的人流，历史上形成独具特色的庙会系列活动：祭拜祈福、周王出巡、演戏酬神、商贸集市、走亲访友等。孝子祭是以周雄为主体的形神伸延，传承着传统价值观的文化内涵。

孝道作为中国文明的核心文化，是中华民族的传统美德，是构建和谐社会的重要基石，是振兴乡村的必由之路。近十年来，渌渚镇党委政府在区委、区政府的领导下、各级部门的支持下，充分利用周雄这一历史人文资源，锲而不舍地推进周雄孝文化建设，建立周雄孝文化研究会，建设孝子湾文化公园，设立孝子牌坊群，建成周雄纪念馆，举办周雄孝文化论坛，积极打造中华孝善文化名镇，进而推动镇域经济发展转型。

习近平总书记指出："中华优秀传统文化是中华民族的精神命脉，是涵养社会主义核心价值观的重要源泉，也是我们在世界文化激荡中站稳脚跟的坚强基础。""讲仁爱，守孝悌"，是中国文化"常道"最重要的优秀传统和文化特色。从这个意义上说，孝子祭不仅仅是渌渚地方民俗，而且对富阳的地方文化，甚至更大范畴的文化大统，都有着深刻的独特影响。

由富阳区非遗保护中心方仁英撰稿的"浙江省非物质文化遗产代表作丛书"之《孝子祭》的出版，便是对这种文化传统的传播弘扬。在这本书中，作者本着严谨治学态度，对孝子祭的源头起因、仪式内涵、功用意义等进行了深入的调查研究，对孝子祭做了详细的梳理，无论从广度还是深度上，对于周雄文化研究都有一定的拓展。

目前，富阳区作为杭州拥江发展的重要战场和阵地，正在打造"一江带城、南北呼应、山水相依、产城融合、现代气派、田园风光"的大都市新型城区，建设成为杭州西部的区域中心，成为杭州世界名城的重要一极。希望有更多的专家学者及能人志士关注富阳的文化，支持富阳的发展。

杭州市富阳区人民政府副区长　孙洁

一、概述

孝子祭是祭祀南宋大孝子周雄的民俗文化活动。周雄，非佛非道非仙，他是南宋时期一位普通的平民。因他为人至孝，被称为大孝子，备受后人崇敬。渌川主庙，地处周雄故里，供奉周雄神像，民间称周雄为『太太菩萨』。周雄从孝子演化为神灵，最有力的推动事件自然是孔子第五十一世嫡长孙孔文远为周雄捐宅建祠，其次与民间信奉『从来至孝通神明』的观念有关。

一、概述

[壹]太太菩萨周雄

　　孝子祭是祭祀南宋大孝子周雄的民俗文化活动。周雄,非佛非道非仙,他是南宋时期一位普通的平民。因他为人至孝,被称为大孝子,备受后人崇敬。渌川主庙,地处周雄故里,供奉周雄神像,民间称周雄为"太太菩萨"。周雄从孝子演化为神灵,最有力的推动事件自然是孔子第五十一世嫡长孙孔文远为周雄捐宅建祠,其次与民间信奉"从来至孝通神明"的观念有关。下面从周雄生平、孝行传说、孝名辨析三个角度来阐述周雄的孝子身份。

1.周雄生平

　　我们可以从历代碑记和志书中去了解周雄的身世和事迹。南宋嘉熙四年(1240)临安府新城县知县汪绩所撰的《翊应将军庙记》记载:

　　　　(翊应)将军周姓,雄名,字仲伟,杭之新城渌渚人。生于淳熙戊申,其母感蛇浴金盆之祥,殁于嘉定辛未,在三衢援笔作颂,亦异。按公状貌魁梧,居乡日人

周雄纪念馆前周雄像（吴昱摄）

已敬惮，及显而为神，在在有祠。

　　汪绩的碑记是现存周雄史料中最早的，应该也是最接近事实的。汪绩提到，周雄是杭州府新城县渌渚人（今渌渚镇六渚村），字仲伟，生于淳熙戊申年（1188），死于嘉定辛未年（1211），享年二十四岁。他母亲生育他前，梦到了蛇浴金盆的吉祥预兆，周雄死后衢州人民写文章来歌颂他、纪念他，显示出他的与众不同。上述文字还提到了周雄身材魁梧、健硕，活着的时候就受到村里乡亲的尊敬，死后被神化崇拜，很多地方都有纪念他的祠堂。

　　汪绩的碑记中没有提到周雄死后为什么受到衢州人民的歌颂，生前为什么乡里人尊敬他。明嘉靖十七年（1538）衢州知府李遂所作的《重修宋周孝子祠记》中写道：

　　　　孝子讳雄，字仲伟，世业儒，杭之新城人。母汪梦龙浴金盘诞孝子以淳熙戊申三月四日。由童稚孝闻闾里。嘉定□□俟构危疾，孝子晨夕吁天，请以身代。□言徽婺有显神□□往祷□□□□□□□□□□□□□□□□□□□而汝不可闻乎？无已，抱悸婺往，旋次衢境。闻讣，内裂僵立于舟□。衍圣公孔文远素与孝子善，挽孝子柩。篙师胡伯二因货舟结庐奉焉。邻之隐孝子者，乃时时载觞俎，交礼孝子。自后讹信相传，谓孝子有神，江以南□祀孝子。端平、嘉熙间，至有翊应正烈之封。

盖是时国事听神故，神之名不复易，而孝之实，历几泯泯矣。

李遂庙记中的上述文字有以下几层意思。

一是叙述周雄孝迹。孩提时代周雄就以孝顺名闻乡里。有一次他母亲得了很严重的疾病，周雄早晚向天祈祷，愿意自己替母亲生病。听说徽州婺源有五显神很灵验，周雄诚惶诚恐地前往祈祷，返程途中听到母亲去世的消息，顿殒身命，僵立舟中，直立不倒。从现代医学的角度说，这属于哀伤过度，导致猝死。衢州人被周雄这种极致的诚孝所感动。

二是记录周雄死后衢州人对待周雄的态度。衍圣公孔文远（1185—1226）的态度至关重要。据《西安县志》记载，"孝子，新城县南渌渚人……孝子幼时随父贾于衢，与衍圣公孔文远同学，交最善"。周雄小的时候跟随父亲在衢州经商，他父亲把他送到当时招收流寓衢州孩童读书的孔氏家塾，由此周雄与孔文远成为同学，孔文远比周雄年长三岁，是孔子第五十一世嫡长孙，是孔氏大宗南渡衢州后的第四任衍圣公。孔府的地位至高无上，一呼百应。孔文远挽着孝子灵柩，捐出私舍作祠。孔文远对周雄的至爱，一方面源于同学之谊，周雄二十四岁不幸身亡，孔文远无比悲痛；另一方面他作为世袭衍圣公，弃恶扬善、崇尚孝道是他的责任所在。孔文远的这种行为促进了民间对周雄的认同。一个叫胡伯二的船老大卖掉船在周雄祠边搭个草房侍奉看管，附近有位隐孝子时时拿着酒菜祭拜周雄。

三是周雄孝迹何以泯灭。李遂认为，后来讹传周雄有神，长江以南都祀奉他，南宋王朝褒封他为翊应将军、正烈侯等。南宋王朝偏隅江南，内忧外患，比较推崇神灵信仰，周雄神的称号慢慢固定下来，而行孝事迹渐渐被遗忘了。

明嘉靖九年（1530），明世宗下令拆毁天下淫祠[1]。"淫祠"通"淫祀"，指不合理的祭祀行为和祭祀场所。嘉靖年间（1522—1566）禁毁淫祠是明代最严厉的，这与明中期复兴正统、排斥异端的社会思潮有关。李遂就任衢州知府后，响应明世宗号召，移风易俗，在衢州禁毁淫祠。李遂准备把周雄庙当淫祠来拆除的时候，遭到衢州人民的强烈反对。李遂通过调查走访、查阅文献，不但放弃了将周雄庙作为淫祠的想法，还亲自撰写庙记，并把庙额题为"周孝子祠"。

翻阅文献资料，发现李遂是最早将周雄定格为孝子的地方行政长官。明天启年间（1621—1627），江南地区许多周宣灵王庙改成周孝子祠。此后，清顺治年间（1644—1661）严州知府钱广居《周宣灵

---

[1] 明代淫祠有三种类型：第一种为不属于国家祭祀制度规定的神灵系统的神祠；第二种是民众私自建立和祭祀的、与其社会地位不相称的神祠；第三，不在额设的寺观，明代限制寺观数额。

王庙碑记》、清康熙初年新城人徐士晋撰写《周孝子碑记》、清乾隆年间（1736—1795）两淮都转运史朱孝纯《宣灵王祠碑文》都有关于周雄生平及孝行事迹记载，叙述更加详细。

神天性孝友，事继母，抚二弟，备极孝爱，初名雄，以雄音邻荣，恐干父讳，改名缪宣。年二十三，见家道不支，母弟无以养，弃学就贾，携资客于姑苏之六沙村，投金六、金七舍人家三载。忽梦母病，即治装归。金氏昆弟留不克，随置椒数斛。及抵家，母气将绝，对天泣祝，神愿以身代，许肉身灯，愿母得复痊。（清·钱广居《周宣灵王庙碑记》）

宋淳熙间，我邑有孝子周姓讳雄，字仲伟者，事后母素谨，贾于吴，忽有梦兆，疑母病，遂不顾重货以驰。及归，而母已将绝矣。公号泣拜天，愿减己年以延母寿，而母得醒。未几，又贾于衢，闻母病，急破浪以出，为水所没。越日尸浮于江，显神于衢，衢人立祠祭焉。（清·徐士晋《周孝子碑记》）

幼而父母没，惟继母两弟在。王甚孝友，继母尝病，医不能治，王夜悲哀，露祷于天。辄愈家贫，卖卜以养岁月，食其林者疾皆已。又贩木衢州，王旨庙欲卜见泥像，以手名之。王曰：吾其将死乎，乃亟归，欲见母弟而决。舟行至鹭鸶滩，堕水死，尸逆水至衢州城外而止。人曰：此孝子周郎也。出其尸

于水，其尸则香，以为神，庙而祀之。（清·朱孝纯《宣灵王祠碑文》）

这三篇碑记中都记载周雄的孝行，提到了孝友的对象是继母和两个弟弟，可归纳为以下三个主要事件：为侍奉继母，抚养两个弟弟，弃儒经商；为延长母亲的寿命，向天祈祷，愿意减少自己的寿命，母亲的病痊愈；听闻母病势危急，迎着大风大浪赶回家，结果因船翻了落水身亡。这里周雄没有惊天动地的行为，只是尽心竭力侍奉继母。

除此之外，三篇碑记还都提到了他赖以谋生的职业：贩卖木材、药材。这是有可能的。周雄的家乡在渌渚江边渌渚埠，从渌渚江船行数里就可抵达富春江。南宋嘉定五年（1212），任富阳知县的程珌在其《富春驿》中写道："据钱江上游，千车辚辚，万帆隐隐，日过其前。"万帆隐隐，极言富春江上往来船只之多。南宋定都临安之后，富阳、新登成为京畿之地，富春江成为重要的交通动脉。据传，周雄上严衢、下苏杭，往来于钱塘江上，贩卖木材、经销药材。

2.孝行传说

周雄一生虽然短暂，但充满了传奇色彩，其生平事迹、灵应传说，历朝历代都有记录。根据宋元明清历代碑记和民间口头传说，周雄生前大孝，不仅孝顺父母，关爱兄弟，还替当地人解决了一些困难。现抄录其中几则小故事。

怀足暖母

周雄年幼丧母，父亲娶了继母后，村里人担忧他的日子不好过。但周雄对继母如对生母一样孝顺，继母身体虚弱，冬天尤其畏寒，双脚犹如"冰块"。七岁的周雄很是着急，临睡前，他为母亲打来热水泡脚，晚上和母亲同床而眠，把母亲的双脚紧紧抱在怀里，以暖母足。

拜师钓鳖

周雄听人说鳖是滋补身体的好东西，就萌生了钓鳖给母亲补一补的念头。鄳江上有一钓鳖高手，用盘车钓鳖，每天都有收获，周雄便跑去守候、观察，并不时为钓师送上茶水。钓师感到奇怪，询问缘由。周雄诉说了为母滋补身体之事，钓师大为感动，便把鳖的习性、如何用饵、何处下钓等经验传授他，并赠送他一副盘车钓竿让他一完孝心。

发愤学医

周雄十六岁时，瘟疫流行，村里接二连三有人去世，哭声不绝，父亲不幸死于重症。周雄悲痛欲绝，想到乡邻们和父亲被瘟疫夺去生命，便萌发了学医的念头。他拜新城"济生堂"药铺吴大夫为师，发愤钻研，每晚挑灯夜读，苦学医道，成为一名为百姓治病解难的郎中。

衣不解带

周雄二十一岁的春天，母亲旧病复发，躺在床上呻吟不止。周雄悉心服侍，母亲每咳嗽一声，他的心就颤抖一下。这天，舅舅家捎来口信，说周雄的舅舅病了，病势不轻，这可愁坏了母亲，恨不得立刻前往探视，无奈自己患病，有心无力，不由得伤心落泪。周雄劝母亲别急，他赶往舅舅家，用独轮车把舅舅接到家中，和母亲同住一个房间，他同时照顾两个病人。周雄衣不解带，煎汤奉药，递茶端水，直至母亲和舅舅双双痊愈。

开棺救人

周雄外诊回家，路上遇到出殡队伍，见白木棺底有鲜血滴落，向旁人打听得知是产妇难产，婴儿保全，产妇离世。周雄想起医书上有"鲜血滴，未亡也"的诊语，立即拦棺说明此中原委。他让人抬回木棺，又发现这家中的男人因丧妻痛心气绝。周雄诊查发现：男人六脉似无，尺脉微觉，气闭塞。于是对着男人的胸口猛击三掌，用针刺人中通心脉，男人苏醒过来了。再查产妇，周雄用银针刺穴，以助打通奇经八脉，产妇也活过来了。经周雄再用药物精心调理，年轻夫妇起死回生、恢复如初。

在口头流传中，周雄生母早逝，继母身体很虚弱，周雄从小就谨遵孝悌之道，侍继母如生母，被民间称为"大孝子"。周雄侍母至孝的相关传说主要有三方面内容：一是反映周雄替母亲解除疾病痛苦，如瓜瓢治伤、深夜吸痰、吮毒疗伤等传说；二是反映周雄为母亲早日康复采集食材调理母亲身体，如拜师钓鳖，学做豆腐、干菜烧饼，破冰捕鱼等；三是反映周雄如何尽心尽力侍奉母亲，如怀足暖母、扎发侍母、衣不解带等。

据传，衢江是周雄葬身地。南宋嘉定四年（1211）四月的一天，周雄在衢州经商，突然接到家乡来信，信中说母亲旧病复发，病势凶险，已经卧床不起。周雄感到天塌下来了，痛哭失声，急忙奔到衢州码头，连夜乘船返乡。茫茫大江上，月黑风高、浪涛汹涌，一叶扁舟破浪而行，船只颠簸得厉害。忧心如焚的周雄站在船头，默默祈求母亲能够转危为安。忽然，一个大浪铺天盖地而来，打翻了船只，周雄猝不及防，跌落水中，被浪头吞没，年仅二十四岁。

周雄死亡的内容见于方志，与上述传说差异甚大。据《西安县志》记载："嘉定初，孝子（即周雄）年二十四，母病革，命祷于婺源之五显灵王庙。孝子跪请，曰：'儿固不能呼吸，违也。'母怒，不获已。悸而往，兼程并宿。归次衢，闻母讣，仰天椎胸，亦恸而绝，僵立舟中不仆。衢人异之。"这段文字里，周雄的孝顺体现在两个方面。一是知难而为之，忍辱负重，以求母亲欢愉。母亲叫周雄赴婺源五显灵王庙祈祷，当时周雄身体极度不适，本想违抗母命，竟招致怒骂，只得抱病日夜兼程，前往婺源。二是周雄之死体现他的至诚至孝，回程途中，听到母亲死亡的消息，哀伤而绝，僵立舟中不倒。

不论因何种方式遇难，周雄都因为母尽孝而亡。他的死亡赋予其最有力的佐证：听到母亲病危，在乘船奔赴家乡途中不幸遇难，感人肺腑，孔文远捐舍作祠……这些故事的生发点导致了神格化，导致了膜拜，导致了祭典，最终导致了大孝的叙事。

3.孝名辨析

雍正《浙江通志》卷二百十七《祠祀·杭州府》"周宣灵王庙"条下，作者在全面分析元明清时期杭州、新城、衢州、建德等地官员士人的碑记、志书之后，提出了如下见解：

> 谨按周宣灵王，周姓讳雄字仲伟，杭之新城县太平乡渌渚人，浙省是处立庙。其在杭城者，《钱养廉序》称"生于宋季，锐志恢复，抑郁以殁"。其在新城者，《方回庙记》只载殁后灵爽，不言神生前事。《徐士晋碑记》称"神贾于衢，闻母病，破浪而行，为水所没，显神于衢，敕为江神"。其在衢州者，志载"肉身敛布加漆，现今植立庙中"。余与徐记同。至《钱广居建德神庙记》则云："初名雄，后改名缪宣，少授仙指，失足坠水，溯波而上，香闻数十里，因而建庙塑像于衢城

之西洋观。"诸记载称孝或称忠或称仙,显不相侔。又方回记、钱广居记封爵、年代亦各不符,然现祀为江神,其肉身又现在衢州府庙中,则为孝子无疑,自应以徐记及衢志为正。至称忠称仙,或另一神,讳雄讳缪宣,或传会牵合,俱无确据。今仍旧志,备载各记于各府县神庙之下以俟博考。

上述文字中,作者首先罗列了杭州、新城、衢州、建德等地官员士人关于周雄死亡的记载,明确地提出了自己的观点,周雄"为孝子无疑,自应以徐记及衢志为正"。周雄在衢州经商,听到母亲病重,破浪前行被巨浪吞没,在衢州显灵,被朝廷敕封为江神。周雄死后,衢州人将他的遗体用布裹起来并涂上柿漆防腐,放置在庙里供奉。作者认为,《钱养廉序》提出"周雄忠君爱国"、《钱广居建德神庙记》提出"周雄少授仙指",没有依据,有些牵强,但周雄的身份确实是孝子。

事实上,民间信仰中以讹传讹的现象非常普遍,以伍子胥为例,民间将伍子胥奉为潮神君,传来传去竟成了"五髭须",在为其造神像时必五分其须。周雄的身世、事迹在八百多年的岁月里不断被改写,也是情有可原的。但一些核心的内容,例如他生死的基本信息、他的孝子身份、他与孔文远的关系等,还是固化的、稳定的。

清代衢州诗人朱岙在《无题》中前十六句讨论周雄之死及死后

衢州人的态度, 诗中写道:

> 有宋孝子新城人, 商于衢殁为明神。
>
> 至今庙食七百载, 遗像鹄立云肉身。
>
> 故老传闻语不一, 神遭水厄沉江滨。
>
> 逆流直上风浪助, 香风拂体无纤尘。
>
> 遂奉真躯竦霞表, 咄哉土木形模陈。
>
> 或言舟中闻母病, 立死不仆肖厥真。
>
> 或言神母此扶榇, 归葬方坞今未湮。
>
> 果尔神像亦雕刻, 奚假体骨惊愚民。

　　这段文字大致意思是: 周雄是南宋孝子, 新城人, 在衢州经商, 死后被奉为神明立庙, 受人奉祀、享受祭飨已经有七百年了, 直立的塑像传说是肉身。古老的传闻说法都不同。有一种说法是周雄溺水身亡沉入江边, 在大风水流的助推下周雄遗体逆流而上, 并伴有香风拂体, 非常纯净。于是供奉肉体真身, 恭恭敬敬地把他作为神灵朝拜。一时间各地泥塑的、木雕的周雄神像杂陈, 真是有些惊讶。另一种说法是周雄在船上听说母亲病危, 僵立舟中不倒, 像是昏厥了, 这是接近真实的。还有一种说法则是周雄的母亲把周雄的棺材带回家乡, 安葬在方坞, 至今坟墓还在。神像果然也是雕刻的, 为何要假托肉身来惊扰普通老百姓呢?

　　时至今日,朱昂提到的这三种说法在民间依然广为流传,难以定夺哪种说法更接近事实真相。

　　朱昂在《无题》中后十六句劝导人们要像周雄一样做个孝子,诗中写道:

　　　　　衢人好事好语怪,昧其至性敦天伦。

　　　　　从来至孝通神明,千秋祀典宜相循。

　　　　　况复御灾捍民患,滩危湍险无苦辛。

　　　　　灵潮高卷伍胥庙,孝水深出曹娥津。

　　　　　不闻浮江载尸出,精诚所格垂千春。

　　　　　我今祗尔将明禋,敬王爰念锡类仁。

　　　　　劝君勿复炫神怪,有生要贵孝厥亲。

　　　　　孝行千年长不朽,块然躯壳还鸿钧。

　　朱昂认为:衢州人喜欢多事、谈论怪异,以至于隐藏了周雄敬重长辈、友爱兄弟的至孝品行。一直以来人们都认为,至孝可以通达神灵。千秋万代对周雄的祀典应当连绵不断。况且他能御灾、捍患,百姓经险滩急流就不会辛苦。伍胥庙因伍子胥泄愤怒涛滚滚受人朝拜,曹娥江因孝女寻父而扬名。我不曾听闻周雄尸体漂浮江面

这样的奇事，周雄至孝至诚的品格永垂千年。我现在要明洁诚敬地献享，敬周王赏赐人间相互亲爱。劝君不要再夸夸其谈那些神怪之事，有生之年要孝敬自己的长辈。孝行千年不朽，周孝子高大身躯塑身成像，换来世间太平。

儒家崇尚孝道，孔子创立仁学，"孝"是"仁"的重要内容之一。《论语·学而》："孝悌也者，其为仁之本与。"在儒家看来，孝顺父母、敬爱兄长，是实行仁德的根本。《孝经·开宗明义章》写道："身体发肤，受之父母，不敢毁伤，孝之始也。立身行道，扬名于后世，以显父母，孝之终也。夫孝，始于事亲，中于事君，终于立身。"要保重自己的身体，不要使自己生病，不要让身体受伤害，使父母担惊受怕，这是孝的开始。人在世上，遵循仁义道德，有所建树，显扬名声于后世，从而使父母显赫荣耀，这是孝的终极目标。孝的初始境界是侍奉自己的双亲，中层境界是侍奉自己的国君，最高境界是修身。《论语》中还有一段记录孔子关于孝的名言。有人问孔子为什么不从政，孔子回答说："书云：'孝乎惟孝，友于兄弟，施于有政。'是亦为政。奚其为为政！"意思是说，《尚书》上说，孝是孝顺父母、友爱兄弟，并把这种风气影响到政治上去，这也是从政，为什么一定要做官才是从政呢？孝，由身而家，由家而社会，由社会而治国，"以孝治天下"是孝的最高境界。由此，我们也可以理解孝子周雄为什么在孔氏南宗聚居地衢州得到如此高的礼遇。

　　除了官家史书典籍记载的孝行外，在钱塘江流域，周雄的孝道与表现神迹的传说故事融为一体，其"纯孝达天"的人格精神渗透到普通百姓的日常生活中，担负起对普通民众的道德教化责任，为他们最基本的道德修养提供知识储备。

[贰]孝子祭的祭祀空间

　　祭祀空间是指在富阳境内祭祀大孝子周雄的场所。首先，供奉祭祀周雄神像的渌川主庙是祭祀的核心场所；其次，祭祀活动一般涉及整个渌渚地域，成为渌渚地方的民俗活动；再次，历史上新登县域内有九处祭祀周雄的庙宇，渌川主庙的祭祀活动要调动新登县的主要官员、文艺会班和普通民众的参与，成为旧时新登县官民和渌渚周雄家乡父老的共同活动。下面从庙域、镇域、县域三个角度介绍孝子祭的祭祀空间。

1.庙域

　　孝子祭是庙祭，而非墓祭。周雄庙历史上有诸多称谓，如周孝子祠、翊应将军庙、翊应助顺正烈广灵周侯庙、辅德庙、周宣灵王庙、周王庙等，庙名随着宋元明清四朝的褒封而不断变更。渌渚周雄庙，当地民间一直称之为"太太殿"。在渌渚当地，凡是与周雄相关的事物，民间都称为"太太×"，比如"太太菩萨""太太山""太太墓"等。在富阳民间，"太太"是对三代以上长辈的统称。"殿"即宫殿，是民间模仿皇帝居住的金銮殿的形制建造、用来安放神像的宅

子。一般来说，"殿"用来祭神，"堂"用来祭祖，"殿"与"堂"是有严格区分的。

（1）宋元时期

渌渚，又名渌川，南宋时属临安府新城县太平乡。据明万历年间《杭州府志》载："渌川即渌渚也，在（新登）县南十里。百货往来，水陆之孔道也。"周雄就出生在这里。周雄生前孝名远播，身后得到万众敬仰，与这里父老乡亲的推崇息息相关。这里因为周雄庙及其大孝坊石牌楼的存在，又被称为"石牌下村"，后来渐渐被简化成"下村"。渌川主庙就建在下村的渌渚江边。下村现属于渌渚镇六渚行政村。

渌渚建周雄庙，是在他落难地衢州建庙之后不久。乡人以宅建祠。汪绩《翊应将军庙记》（以下简称"汪记"）中记载：

> 绩试令东安，始知神家于斯，庙于斯，归身葬于斯。……及纵观神之佳城，峰峦环抱，拱木阴翳，云烟吞吐，朝暮含姿，江潮溯流，抵庙而回。

碑记写于南宋嘉熙庚子年（1240）秋，汪绩时任新城县令，距离周雄离世二十九年。"佳城"是指周雄庙，神像的安放地。周雄庙建在渌渚江边，宋时富春江涨潮，回溯的江流可以直抵庙址。周雄庙第一次重修是在1240年，汪记中记载："乡之父老，咸谓旧祀已陋，义欲新之，有请于予。"父老乡亲认为原有祭祀的地方太简陋了，想要重新建造，向知县汪绩请示。庙建成之后汪绩写了庙记。

1259年，周雄庙再次重修。元至元二十年（1283）通宪大夫、前建德路总管兼府尹方回《辅德庙记》记载：

> 先是侯之犹子宗智，开庆己未，陈乞周氏子孙主庙事，尚书符报可。宗智竭资造宫殿杰阁，亢爽高闳。疲二年之力，而门庑犹旧。大元混一，靡神不依，中书杨公镇，感旧捐金。至元十六年己卯抵癸未告成。侯之孙逢吉请回实录其事。

方回的这篇《辅德庙记》是应周雄之孙周逢吉的请求撰写的。"犹子"，即侄子。周宗智是周雄的侄子，他提出由周氏子孙来管理"辅德庙"的事务，并上报礼部尚书，得到同意。于是他花了两年时间，用尽了钱财，建起了神殿，但门庑还是旧的。宋末元初，战争频仍，中书侍郎杨镇怀念旧情捐款给辅德庙。庙宇的兴建直至1283年七八月份完工。

第一次重修是父老乡亲发起的，第二次重修是周氏家族主持的。从文献上看，早期周雄庙的管理是由周氏家族来负责的。

宋开庆己未年（1259），桂锡孙为周雄继子周宗胜撰写《宋神周君墓志铭》，此时离周雄去世四十八年。文中描述：

> 翊应生辰，四方稚耋赍瓣香，而祝者杂沓骈阗，神鞠躬以相劳苦，远近大悦，祈福庇者，踵至里中。耆宿士民乃创建祠宇，朝廷旌其门曰："辅德"。惟神之至性感人，乃有以光昭先君之令德也。
>
> 呜呼！休兹一日，神忽需汤沐，整衣冠，就正寝，呼子弟前曰："家本寒素，赖我父之威灵，起人之孚信，多所休益，尚图报。称今迓卒控马趣我行，我不敢辞，汝曹敦守力行，毋稍陨越。"言讫而逝，自是祈祷心应，答响如生。里中刻香成像，分香告虔者纷纷矣。
>
> 神之应世以嘉定癸酉八月二十日，厌世以宝祐乙卯十月二十日。娶骆氏，子光祖，孙男一人，女一人，以开庆乙未十一月初七日葬于神乡方壶之原，去父茔百步而近。

周宗胜是周雄的继子，生于嘉定癸酉年（1213）八月二十日，死于宝祐乙卯（1255）十月二十日，开庆己未（1259）十一月初七日葬于家乡方壶山丘，离周雄墓百步之远。周雄死于嘉定四年（1211），周宗胜不可能是周雄亲生儿子。富阳乡土文化研究者张宝昌认为，周雄死后没有子嗣，是他同父异母的弟弟将儿子过继给他。富阳民间有这样的习俗：人死后如果没有子女，需要有人替他扫墓祭祀、继承财产，有祧、继两种方式。祧是指独子，两家都得照顾，两家财产他都有份；继是有两个及以上儿子，有一个过继给人。周宗胜还有一位同胞兄弟周宗智，周宗胜承继给周雄。

这段文字已经讲到了周雄生辰当天香火之盛，前来祈福的人接踵而至。老百姓捐款捐物，兴建祠宇；朝廷赐庙额为"辅德"。这一切与周宗胜的至诚至性、尽心竭力分不开。他临死前，和他的弟弟、儿子说，周家本来贫寒，靠着父亲的威灵，得到别人信任，获得了很多好处，尚未报答，并告诫说"汝曹敦守力行，毋稍陨越"。意思是说，你们要踏踏实实地做事，认认真真地敬奉，不要做些毁坏周雄名誉的事。

"言讫而逝，自是祈祷心应，答响如生。里中刻香成像，分香告虔者纷纷矣。"周宗胜说完话就离世了，但此后百姓祈祷还是像周宗胜活着的时候那样能得到回应。于是村民把用香樟树雕刻的周宗胜神像也放在周雄庙里，拈香祈祷的人纷至沓来。

周宗胜死后，他的同胞兄弟周宗智、儿子周逢吉为周雄信仰的发展也起到推波助澜的作用。民国《新登县志·坛庙》记载："周宗智，字克明，周宣灵王犹子，建德等处均立庙像。见周逢吉《三朝奉圹志》。"由此可见，周宗胜、周宗智以毕生精力维护着周雄信仰，自己也成了神明。周逢吉继任父职，继续负责辅德庙的日常事务管理。

（2）明清时期

限于文献资料匮乏，周氏家族管理辅德庙的记载仅见于上述桂锡孙、方回两篇碑记。八百多年来，渌渚周雄庙屡建屡毁，屡毁屡建。每当历代名士、官员撰写碑记，我们可以推想周雄庙当年可能是在重修或者有重大事情发生。以清代为例：康熙年间（1662—1722），新城县贡生徐士晋撰《周孝子碑记》，当年周雄庙可能重修；乾隆三十五年（1770），徐文选、袁钰重修周孝子祠，知县叶和春撰写庙记；道光二年（1822），新城知县吴墉撰写《周孝子祠碑记》，当年定下三月初三为春祭日、九月初十为秋祭日，列入官方祀典；光绪三十二年（1906），《重修周王庙盂兰盆会碑记》记录了周王庙当年组织实施设斋供僧、拜忏、放焰口、放水灯等活动。

随着时代的发展，周雄庙的管理也渐渐从周氏家族扩展到血缘和地缘关系交叉并存的祭祀组织。或许是周雄家族没有得力的男丁可以胜任，或许是社会意识形态发生变化，周雄信仰一度趋于衰落。在漫长的岁月中，周雄庙管理组织何时开始更替、如何更替，我们不得而知。据传承人李仁贤介绍，清代由十八社管理整个周雄庙事务。这十八社是中华人民共和国成立前渌川主庙的主要组织者，即渌渚当地的前坞、唐家、孙家、袁家、杨家、高家、李家、邵家、徐家、钱家、江家、周家、章家、高沙、金家坞、谢莲村十六个自然村，

还有新登郎家庄和船帮。前十六个都是渌渚当地自然村，郎家庄是
周雄外婆家，船帮由富春江上的撑船、撑排、捕鱼的水上三民组
成。据当地百姓口口相传，周家庄原址在现今渌渚镇中心小学及其
前面这一区域，清咸丰十年（1860）遭兵燹，整个村庄被毁，周姓人
家或死亡或外迁，不得而知。

清晚期以来，周雄庙遭遇几次大的战乱，战争结束之后很快
得到修复。清咸丰十年（1860），庙宇部分建筑毁于兵燹；同治十年
（1871），庙里集资整复庙宇。二十世纪四十年代，日寇侵犯渌渚村，
焚烧周雄庙一天一夜；抗战胜利后，庙里再集资重建。

（3）中华人民共和国成立后

1950年以后周雄庙被当成学校使用。为了防止周雄神像被毁，
从1950年至1964年，当地信众把周雄神像藏在百丈村菩萨殿。1964
年，当地信众还是担心有人敲毁神像，又把神像搬到前坞五星殿。
1965年上半年，周雄神像被焚毁在渌渚江边。1966年"文化大革命"
开始，掀起"破四旧"热潮，即破除旧思想、旧文化、旧风俗、旧习
惯，周雄信仰被视作"破四旧"对象，与周雄信仰相关的建筑物都
被彻底毁坏。渌川主庙被拆毁，周雄坟墓被掘除，宋代兴建的富阳
境内独一无二的石结构"大孝坊"牌楼被拆除，贮藏于石牌楼顶端
历朝皇帝赐封的圣旨也随着"大孝坊"牌楼的拆毁而永远消失了，
许多石刻古碑无迹可寻，仅剩汪绩撰写碑记一通。据孝子祭传承人

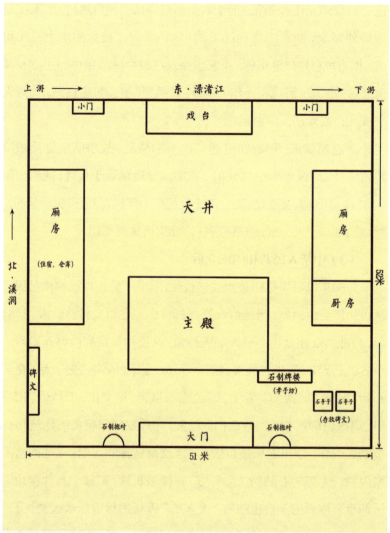

上游 ⟶　　　　　东·渌渚江　　　　　⟶　下游

小门　　　　　戏台　　　　　小门

天井

厢房
（住宿、仓库）

厢房

北·溪涧 ↑

厨房

主殿

石制牌楼
（孝子坊）

碑文

石亭子　石亭子
（存放碑文）

石制抱对　　大门　　石制抱对

51米

52米

渌渚江边周雄庙（渌川主庙）示意图（根据李仁贤回忆所描绘而成）

李仁贤回忆,旧时周王庙坐西朝东,庙前立有大孝坊,气象恢宏。周王庙占地两千五百多平方米,内设正殿、配殿、戏台、厢房、附房等。有木雕周雄神像一尊,泥塑神像四十一尊,石碑四通,锡制或铁制大烛台三件,方、圆香炉各一只,出巡时龙亭一座,全副锡制銮驾一百二十八件,等等。周雄庙作为周雄信仰重要的文化空间,它的拆毁,意味着周雄信仰进入冰冻期。

(4)改革开放后

1989年三月初三,有几位衢州人包车过来祭拜周雄,此时,渌渚江边的周雄庙原址上已建成了学校。衢州人坐了一夜,朝着墙根参拜,点香焚烛,诚心诚意。看到这一现象,渌渚当地有识之士认为周雄是孝子,重建周雄庙是件好事。恢复周雄信仰也就被渌渚村民提上议事日程。在当时的社会意识形态下,重建庙宇还是显得有些突兀。1989年,由宓根木、李仁贤等人牵头,开始着手以筹建周雄纪念室的名义重建周雄庙。宓根木、李仁贤、袁福田、郎来夏、许海根、吴阿龙、王龙山成立七人筹建小组,宓根木任组长。1991年,筹建小组向当时的富阳县委、县人大、县政府、县政协都递交了《关于重建周雄纪念室的请示》,时任富阳县副县长俞正言批示由县文化局给予答复。同年,县文化局下发第十九号文件《关于同意重建周雄纪念室的批复》。此后筹建小组奔赴各地筹集资金,前后筹集民间资金二十多万元,于1991年10月在渌渚镇渌渚村方家坞口动工兴建,经过一年建设，顺利完成了周宣灵王殿、周雄纪念室、大孝子牌坊等主体建筑。

1992年重阳节举行落成典礼，庙名改为"周显灵王殿"。由于人们长期疏离了周雄信仰，加上渌渚方言，"宣"与"显"谐音，便把周宣灵王误读成"周显灵王"（故下文仍称"周宣灵王"）。这是个遗憾。重阳节前夕，越剧名家徐玉兰为周雄神像送来皇袍。渌渚镇是徐玉兰出生之地，当年她随东安舞台迁移至渌渚碧沼寺，学戏之际，也到周雄庙戏台演出，这里是她越剧事业的起点，也是她承载乡愁的纽带，她十分关心周雄庙的建设。落成典礼在渌渚村大礼堂举行，时任县志办主任王文治、渌渚镇党委委员章顺来等参加会议；渌渚镇各村书记、南方建材公司老总周亮及当地乡镇企业负责人参加这次典礼。典礼结束后，老百姓焚香点烛祭拜。晚上开始在渌渚村戏台演戏酬神。此次周雄庙兴建的目的，诚如申请报告所

021

富阳县文化局文件

富文（91）19号

★

关于同意建立"周雄纪念室"的批复

下村村委会：

我们根据你村委会"关于建立周雄纪念室"的报告和县人大、县政府领导的意见，经研究，同意你们建立周雄纪念室，现将具体事项批复如下：

一、周雄，字仲伟，新城周家庄（今渌渚下村）人。生于南宋绍熙十五年（1188年），卒于嘉定四年（1211年）。因其孝行，而受到皇帝多次敕封，后人在许多地方建庙祠奉，祭祀准祭。渌渚上村原有周王庙和孝子祠，但均遭破坏。因周雄是我国历史上一位有名的孝子，而且影响较大。尊老爱幼是应予提倡的。你们根据要求筹建周雄纪念室，资金自筹，要求如下：

（1）建立周雄纪念室，必须符合保护遗迹神文明建设；有利于进行传统道德、尊老爱幼等传统教育；有利于开拓旅游、繁荣经济。纪念室二作为举办历代祭祀、周雄文物展览、尊老爱幼等活动的场所之用。严禁搞封建迷信活动。

1991年富阳县文化局关于同意建立"周雄纪念室"的批复（方仁英摄）

1992年建成的周宣灵王殿（吴昱摄）

言，旨在恢复胜迹，开辟旅游景点，弘扬乡邦文化，丰富精神生活。

　　方家坞口周雄庙体量不大，南入口处建有大孝坊牌楼，周宣灵王殿坐西朝东，砖木结构，仿制古代神殿建筑，北侧建有周雄纪念室。纪念室前矗立两座亭子，存放两通碑记。右侧亭内立着明代人刻写的汪绩碑记，左侧亭内立着1992年富阳乡土文化研究者朱正老师撰写的《重建周雄纪念室》碑记。大殿外面放着香炉与烛台。周边的围墙上嵌着黑色的石碑，上面刻满了重建周雄庙以来捐款人的名字和金额。

　　走进周宣灵王殿，这里犹如一座艺术殿堂。大殿的梁、柱、撑

周宣灵王殿入门处孝子坊（渌渚镇综合文化站提供）

拱、飞檐、窗花、门楣各处，龙、凤、牡丹、莲花、鲤鱼、鸳鸯、八仙等为母题的吉祥图案和三国故事中的戏曲小说图案，雕琢得玲珑剔透、栩栩如生，施以彩绘，灿如锦绣。中国历史上最具代表性的二十四则尊老行孝故事雕刻在门楣或绦环板上，彰显着周雄庙弘扬孝道文化的主题。神殿内外团龙、蟠龙、行龙、翔龙、卷草龙、双龙戏火珠、游龙戏凤……万龙竞舞，交相辉映。在农耕社会，水是农业的命脉，龙司水；龙是帝王的象征，也是权力的象征，显示着周雄神的威力无限，增添了庄严神秘的氛围。周宣灵王殿最具价值的自然

周宣灵王殿龙亭上的周雄神像（吴昱摄）

龙亭之上翔龙拽着龙凤宫灯（吴昱摄）

是龙亭上的陈列物。龙亭置于离地一米的高台上，仿古亭建造，龙亭额枋中央上书"忠孝亭"三个大字，龙亭额枋雕琢着"八仙过海"，两侧撑拱雕刻了"和合二仙"，两侧亭柱盘旋着两条威武的神龙。龙亭内正中是周宣灵王木雕坐像，只见他面色黝黑，目视前方，头戴皇冠，身着皇袍，足蹬皂靴，脚踏卧狮，手持如意，端坐中央。周宣灵王身后左右列着木雕矮婢，宫女打扮，各执宫扇，交叉叠放。龙亭之上有一含珠翔龙俯身驰骋，鼻端如意形，毛发向后飘散随风向上飞扬，一只脚爪拽着一盏龙凤宫灯，与龙亭柱子上的两条蟠龙相呼应，气势非凡，十分威武。龙亭上三条龙和宫灯是1991年由七十多岁的东阳木雕师傅吕秀全花了一年多时间雕刻完工的。龙亭前面有一供桌，摆放各类供品，下设功德箱。神殿内菩萨龙帐、宝盖长幡十分耀眼。殿内楹联匾额充盈其间，"流芳百世秀气之三，四朝封爵新城唯一"，道出民间对周雄的崇敬。

禄渚周雄庙从南宋时期宋理宗年间（1225—1264）兴建以来，绵延至今已近八百年。历史上由于战乱或者禁毁淫祠一类的移风易俗风潮，周雄庙时常被毁坏，但一旦社会安定，或者社会意识形态宽容，周雄庙就会得到重建，周雄信仰即得到恢复。

近年，禄渚镇党委、政府在周雄庙附近建成孝子湾文化公园，以孝文化为景观轴线，并依次布局系列景观。这是一处兼具观赏教育价值和生态休闲功能的孝文化特色主题公园。公园的主要景区分

孝道景观区的牌楼群（徐建华摄）

为孝道景观区、孝源景观区和周雄纪念馆区。其中周雄纪念馆是整个公园的核心区域，现已对外开放。整个孝子湾文化公园整体投资近两千万元。孝子湾文化公园与周雄庙相得益彰，为周雄孝文化传播营造了良好的空间。

2.渌渚镇域

渌渚镇是杭州市富阳区西南端的一个镇，濒临富春江，与桐庐县接壤。距离富阳市区26.5千米，总面积83.19平方千米，辖十三个行政村，总人口16478人。辖区在宋、元、明、清时为新登县的太平乡和昌西乡，民国时为六川乡。中华人民共和国成立后，建制多次更改，基本上属于渌渚与新浦两乡。二十一世纪开始，新浦并入渌渚，并改制为渌渚镇。

富春江有一条支流，早期叫甂江，后来称渌渚江。它的上游有两条支流：一条是葛溪，源自天目山南支昱岭山的玉皇坪，西北向东南流向，这是渌渚江的主流；一条是松溪，由北向南流，到新登镇城东南的双江口与葛溪合流，始称渌渚江。渌渚江全长7.5千米，江宽50米，早年潮水深3—4米，六十吨级船只可达渌渚埠。渌渚江北接松溪、葛溪，南通富春江，而东西山区分别有深浦、阆港注入。这是富阳境内唯一一条至今仍在通航的河流。旧时渌渚江是新登县西南地区交通大动脉，上通严衢，下达富杭。在陆路交通不发达的年代，竹木柴炭等大宗特产用竹筏或手推车运至渌渚埠，然后船运经富春江、钱塘江直达杭州，再由杭州销往各地，而外来的食盐、陶瓷、日用百货等生活必需品亦主要依靠水路船运至境内。这种情况一直延续到二十世纪八十年代。旧时渌渚是新登、龙羊地区唯一具有水陆码头的重镇，渌渚街上光是饭店就有十多家，人流量很大。渌渚埠江面上帆船点点，撑船的船民、撑排的排民、捕鱼的渔民来来往往，结成船帮。水上三民对周雄神十分膜拜崇信，这对周雄信仰传播起着重要的作用。

旧时从富阳至渌渚，往往从水路走，坐船至下港，然后进入渌渚江，再到渌渚埠上船。清代道光年间富阳进士吴炳写过《从富阳

渌渚江渌渚埠（徐建华摄）

到渌川》：

> 遥指新登路，先乘苋浦舟。云移千嶂影，风送一帆秋。
> 海潋鲸波息，天光卵色浮。沙长沿水远，舵转入溪流。
> 曲港潮先静，层岩翠压稠。图画开一帧，诗景豁双眸。
> 寺绕青峦近，帆从渌渚收。斜盘芳草岸，倒映夕阳楼。
> 樵唱乡音别，神祠古俗留。浴舟寻古迹，望气仰前修。
> 地僻民愈朴，林深鸟亦幽。桃源今在眼，何必武陵游。

诗的前八句，描写了诗人从富阳苋浦乘船溯行富春江上的景色。后十六句则详叙自下港转入渌渚江后沿途风光。诗中，"曲港潮静、层岩叠翠、夹岸芳草、夕阳倒影"等自然景观与"青峦绕寺、山村樵歌、神祠古俗、地僻民朴"民俗民风相结合，将渌川古道比作桃源胜境，勾勒出一个宁静世界。诗人笔下的神祠可能就是周雄庙，周雄庙坐落在渌渚埠附近。

渌渚境内山明水秀，环境优美，处在杭州西湖—千岛湖黄金旅游线的中段，距杭千高速2千米、新320国道1.5千米，水陆交通方便。现在进入渌渚有两条陆路，一条从320国道经桐庐江南镇过窄溪大桥进入23省道，一条从新登镇沿着23省道进入。沿着23省道进入渌渚腹地，你会发现，23省道是条美丽的梧桐大道。大道两边

渌渚境内的 23 省道是条美丽的梧桐大道（徐昌平摄）

布满田园，田园尽处山岭连绵，山岭与田园之间散落着一个个小村庄。这里的山岭不仅秀丽，而且都有故事。闻名遐迩的"十八面朝山"，耸立在渌渚江东岸，以百丈村为中心，南北呈一字形排开，形成坐东朝西、形态各异的十八座山峰，全长8千米。由于十八面朝山面面朝村，引发了越王诛杀九族，孙陟尚书妻儿被杀于大山脚，孙氏家族为了获命，易孙姓为袁姓。将台山屹立在富春江边，处在壶江与富春江、桐江交汇口，地势险要，这儿的北宋方腊点将台遗址保存完好。青鸾山在杨袁村境内，山下碧沼寺建于东晋时期，曾是新登县最早的寺庙，这里环境清幽，佛寺载誉，香火旺盛，唐宋以来文人墨客纷至沓来，留下了许多诗篇。上畈古窑址积淀深厚，石山叮当洞神秘莫测，而方家坞的太太山上，则有周雄父子的坟茔。

渌渚镇历史悠久，人文底蕴深厚，地理空间相对独立，自然环境宜人，周姓、袁姓、汪姓、徐姓等大家族聚居于此，有利于地域内的人们形成共同的价值取向，增加凝聚力。

3.县域

旧时渌渚镇属于原新登县。新登自古就是杭州西部的名县。自三国吴大帝黄武五年（226）开始置县以来的一千七百多年，新登县时置时废，废时改县为镇。旧时的新登县一般包括现在富阳区的新登、万市、洞桥、胥口、渌渚、永昌等镇。1960年，新登县并入富阳县。周雄信仰产生、演变、发展与地方社会的关系密不可分。渌渚村自古以来就是一个繁忙的水陆码头，建在渌渚埠附近的渌川主庙成了新登全县重要的祭祀中心，每年"看三月三"集合了新登地区的信众、民间文艺会班参与，周雄信仰在新登县区域内不断扩布，建立了多处周雄分灵庙。

（1）历代地方官员对周雄孝行的重视

旧时，新登县地处群山之中，少有肥田沃土，山地贫瘠，民间男耕女织，难有丰盈之积。民风敦厚纯淳朴，百姓尚义、重风节。地方官员在管理社会的过程中，充分认识到民间信仰的作用。

明代工部侍郎方廉编撰万历《新城县志·祠祀》中写道：

明有国法，幽有鬼神，其理一也。世之人畏法者十一，畏神者十九，即其愿祀之诚，则凡悔过迁善以济法之所不及者，固有在也。未可以非礼少之。余故乐书其事，使乡人闻余之说而充其敬神之念，以至于守法信度，自求多福。则国朝设官、礼神之意并行不悖矣。

老百姓认知未开化，传统社会用"神"的力量来惩恶劝善，实在也是一种有效的手段。明代，确如方廉提到"设官、礼神之意并行不悖"。翻阅万历《大明会典》卷之九《关给须知·到任须知·祀神》会发现，国家对地方官员从任职开始就需要承担所谓"祀神"义务有明确规定：

祭祀，国之大事，所以为民祈福。各府州县每岁春祈秋报，二次祭祀，有社稷、山川、云风雷电、城隍诸祠，及境内旧有功德于民、应在祀典之神，郡厉、邑厉之坛。到任之初，必先报知祭祀诸神日期、坛场几所、从落地方。周围坛垣、祭器什物，见在有无完缺。如遇损坏，随即修理。务在常川洁净、依时致祭，以尽事神之诚。

地方官员新官到任，不仅要了解庙宇所在，了解庙宇基本情况，而且要春秋祭祀，诚心诚意。明清时期，新登境内各类庙宇遍布，祭祀对象有社稷山川等传统的农业神灵、城隍神、有功德于百姓的神灵等。

道光《新登县志·坛庙寺观》中记载：

> 县之事神与治民并重，新邑自社稷山川、先农先薔以及奉文增入编祭，建设庙宇诸祀厥典孔繁。至于捍灾御患时著灵

渌渚镇境内十八面朝山风光（徐昌平摄）

原新登县周王殿分布图

乡，名臣遗爱特立专祠，俎豆馨香允宜弗替。

由此可见，自明代至清代，新登县的地方官员把"阴阳以为守"视为金科玉律。在传统社会，对于地方官员来说，从事某些信仰活动就是他们日常行政的一部分。而事实上，神灵的意义更多地体现在发生天灾人祸的时候，当地方遇到灾难性事件，地方官员带领或代表民众向神灵祈祷是其职责所在。从客观上说，这是他们的施政策略，是取信于民的必要手段。所以地方政府的态度对周雄信仰的传播起着重要的作用。

最早撰写周雄庙碑记的汪绩，时任新城县令。当时渌渚村民想重建周雄庙需要政府财政支持，向汪绩求助，他考虑到县里财政困难，"略输薄俸以助役费"，从自己薪俸中取钱拿来捐助。元朝建德路总管、府尹方回在《辅德庙记》中也提到中书杨镇捐资建庙之事。清道光二年（1822），新登县令吴墉应士民请求，向朝廷申请周雄神封号，得到"显佑"封号，并择定每年三月初三、九月初十为入庙展礼之辰，从此开始了官方致祭时期。在官方与民间的互动下，崇拜周雄神的信众越加广泛。

（2）周雄庙的扩布

查阅文献资料，我们发现新登地区的周雄庙是慢慢扩布的。明代万历《新城县志》"神庙"一条中记录当时著名的庙宇："东岳行

祠、文昌庙、通灵侯广利庙、太平庙一曰广灵侯辅德庙、昌定庙一曰
辅德。"辅德庙就是周雄庙,太平乡即现在的渌渚镇,太平庙是指渌
渚江边的周雄庙;昌定乡是周雄外婆家郎家庄的所在地,昌定庙又
称"辅德",说明也是周雄庙。《新城县志》万历三年(1575)仲夏开
雕,也就是说在1575年之前,新登地区的周雄庙就有两座,一座在周
雄出生地,一座在周雄外婆家。

　　根据清道光壬午年本《新登县志》卷三记载,新城地区周雄庙
已增加到七座。除渌渚周雄庙外,其他几处周雄庙的所在,"一在祥
禽乡,一在折桂乡,一在宁善乡里仁坞,一在永昌乡何阜庄,一在东洲
乡菖蒲坞口,一在城郭乡过岸滩"。清道光壬午年是1822年,时任新

2014年公祭周雄暨青何孝子祠落成庆典(方仁英摄)

城知县吴墉，渌渚周宣灵王官方祭祀始于吴墉当政的1823年。此前周雄庙已经从原来的两个乡扩布到八个乡。

民国年间，新登地区周雄庙增加到九座。据民国十一年（1922）《新登县志》记载："一在城郭乡南津渡，一在城郭乡过岸滩，一在永昌何阜庄，一在祥禽乡，一在折桂乡，一在新登乡练头庄，一在东洲乡草蒲坞口，一在宁善乡陈村庄。"此时又新增加了城郭乡南津渡和新登乡练头庄两处周雄庙。宁善乡里仁坞的周雄庙不见了，出现在宁善乡陈村庄。

这些分灵庙除了永昌青何村周孝子祠于2014年恢复供奉外，其他七处都已不复存在了。

二、孝子祭的内容与形式

历史上，周雄信仰的祭祀活动一般可分为官方祭祀和民间祭祀两大类，周雄信俗活动中，从立庙奉祀到迎神赛会，再到官方祀典，经历了一个相当长的渐变过程。

二、孝子祭的内容与形式

　　孝子祭是周雄信仰活动中最重要的内容，也是尊崇周雄、祈求周雄、感恩周雄最具体、最直接的表现。立庙奉祀，自衢州孔文远感其诚孝、捐宅建祠以后，周雄乡梓之地渌渚也以宅为祠加以奉祀。迎神赛会，始于何时已无从考证，随着祭祀周雄的活动不断升温，朝拜形式不断丰富，从而形成了闻名遐迩的周王庙会，周王庙会中酬神谢恩"醮仪"，给普通民众提供了一个参与祭祀的平台与机会，让他们与神有了近距离的接触，抚慰了他们的心灵。官方祀典，则有明确的文献记载，始于道光五年（1825），是官方给予屡显神威"御大灾、捍大患"的周宣灵王的褒奖。自道光五年（1825）至清末，祀典于每年三月初三、九月初十举行，仪式隆重，规模壮观，是新登上层士绅的特权。官祀与私祀并行不悖，相得益彰，有利于加强当地民众的归属感和地方社会的整合度。

[壹]官祭周雄

　　官祭周雄是周雄神迹和周雄信仰得到广泛传播后，朝廷为表彰周雄神"御灾、捍患"、庇护地方子民而设置的。如果将南宋嘉定四年（1211）周雄落水身亡、由人成神视作周雄信仰诞生的标志，在此后的一段时间里，它只是在成神地衢州、乡梓地渌渚民间小范围流传。据说每当民间遭遇旱灾、水灾、瘟疫、兵灾，向周雄神祈祷，都能化险为夷。南宋端平二年（1235）常山草寇侵犯饶州德兴，危险异常，得到周雄神暗中帮助。事后，德兴知县上奏朝廷，为周雄神请功，朝廷赐封为翊应将军。周雄信仰遂得到官方的认可。自宋至清，周雄信仰得到历代统治者的推崇与利用，先后得到十一次赐封，其

2016 年三月初三孝子祭现场（徐昌平摄）

封号由两个字累加至八个字，经历了"将军——侯——王"的递变过程。

　　早期，带有官方性质的孝子周雄祭祀活动主要有两种：一是朝廷为报答周雄神显圣护国而赐封周雄神的谢祭，一是地方官员因具体事宜而以地方政府名义的致祭。这两种祭祀活动既不固定时间，也没有形成规范的仪式，基本属于随机行为，具有一定的功利性与针对性。

　　衢州官方孝子祭始于元代至元年间（1335—1340）。据清乾隆十一年（1746）胡文溥在《重建周宣灵王庙牌坊记》记载，"至元中，伯颜忽都烈太守感神庥，具请奏闻，晋王号，谥宣灵。大鼎其庙，定春秋祀事。"伯颜忽都烈太守为周雄神奏请神功，朝廷赐封他为周宣灵王，大修其庙，并定下春秋官祭。而新登县渌渚周雄庙春秋官祭的确定始于道光二年（1822），时任新登知县的吴墉亲历了整个申报过程，并撰写了《周孝子祠碑记》。在这篇碑记里提到了渌渚周雄庙官方祀典的起因：

　　　　道光二年，岁在壬午，新登县士绅、父老合辞而请，曰：邑有宣灵王周雄之神庙，祠于斯由来已久，且神之事迹，彪炳邑乘。视民间报赛之庙，荒陋无稽者霄壤攸殊，是以福佑群生，宜崇美报。维我世宗皇帝，御极三年，以江海安澜遣使，致祭于运德海潮王伍君庙神，亦配食其廷。然是附祀，非专祠。是他邑，非本邑，今原为神增封号，且得傚纵祀潮神之例，载入祀典。刍尧之见未识有当高深，敢以请。

道光二年（1822），新登县士绅、父老书面请求新登县府，请求朝廷准允为周雄神增加封号，载入官方祀典。理由是周雄神庙在新登县由来已久，周雄神护佑新登县的事迹早已写在了县志上。老百姓对周宣灵王十分崇敬。周雄庙与民间荒诞无稽的庙相比是天差地别，长久以来周雄神福佑新登百姓，应当向上申报给周雄神邀功，争取封号。此外，雍正三年（1725），周雄神以江海安澜遣使的身份配享运德海潮王伍子胥庙，但这是附祀，不是专祠，是在他县，不在本县。周雄作为十八位潮神之一，列入清代国家祭祀。

周雄神是如何列入潮神的呢？原来，治理潮患、安民保疆，是清政府极为重要的事情。那时钱塘江江面宽阔，海潮一来，冲毁堤坝，泛滥成灾。康熙年间（1662—1722），清政府拨付大量资金，兴修海塘。雍正二年（1724），钱塘江潮水汹涌，堤岸溃决，上报朝廷，清政府派人修筑海塘。雍正皇帝《御制浙江海神庙碑文》记载：

雍正二年，潮涌堤溃，有司以闻朕，立遣大臣察视修筑。且念小民居恒罔知敬畏，慢神亵天，召灾有自。……海宁为海埧剧邑，障卫吴越诸大郡。海潮内溢，则昏垫斥卤，咸有可虞。
神之御患捍灾，莫此为大，特发内帑金十万两，敕督臣李卫度
地鸠工，建立海神之庙，以崇报享。经始于雍正八年春三月，
洎雍正九年冬十有一月告成。门庑整秩，殿宇深严，丹雘辉煌，
宏壮巨丽。时埋展明，典礼斯称。

　　限于当时的认知水平，雍正在碑记中指出，遭遇这样的潮患是
因为一些老百姓怠慢了神灵、惹怒了天神。海宁是海边县城，是保
卫吴越各郡县的屏障，海潮向陆地浸漫，就会遍地充斥盐卤，会发
生何种境况是可以预想的。雍正三年（1725），为了表示对潮神的尊
敬，清政府加封了一批包括周雄神在内的神灵为潮神，并从国库拿
出十万两银子，任命李卫负责建设海神庙。浙江海神庙建于海宁市
盐官镇，从雍正八年（1730）农历三月开始建造，雍正九年（1731）
农历十一月完工，里面供奉着镇海之神伍子胥和十八位配享神祇。
十八位配享神祇都是有名有姓的历史人物，其中就有十一位和修海
塘有关，有的因为修塘不成，舍身祭江，平息潮患。周雄神亦以江海
安澜遣使的身份配享其间。

　　渌渚当地百姓认为，周雄神在外乡得到了重视，尽管是附祀，但
也享有了春秋谕祭近一百年。因此要给周雄神增加封号，在本地享
受定期的官方祭祀。知县吴墉认为老百姓的请求有道理，开始着手

向朝廷上奏此事，碑记中有相关记载：

> 维新邑渌川主庙，为神故宅，桑梓之地，旱潦疫疠，皆祷
> 之，神灵益著。故人民之崇奉益虔。当据士民原辞，详请大宪，
> 奏其事于朝。是年十月，奉旨依议，钦此。随经礼部先行知照
> 外，并抄录原题，移会内阁典籍厅，撰拟封号字样，去后旋准。
> 内阁交出封号，奉朱笔圈出显佑，岁时官致祭于渌川，盖自神之
> 列祀典于新邑，自此始。乙酉春，墉荐岁时于神庙，士民之观礼
> 于廷者。……是渌渚之庙，诹日以祭，今列于常祀，则宜祭有定
> 期，谨择春三月初三日，秋九月初十日，为入庙展礼之辰，岁以
> 为常。

道光二年（1822）十月，皇上同意了给周雄神加封。先交礼部立档，再由内阁典籍厅撰拟封号字样，很快内阁交出封号，用红笔圈出"显佑"二字。岁时节日由官员在渌川主庙祭祀。新登县渌川主庙春秋官祭从此开始，并规定以后每年春季三月初三、秋季九月初十为春秋官祭日。或许是渌川神庙维修需要时间，或许是为了纪念周雄封为潮神一百周年，官方首次祭祀是在乙酉春，即1825年三月初三，知县吴墉在渌川主庙祭祀，士民在庙堂里观礼，在《周孝子祠碑记》中记载吴墉还赋了一章迎神送神曲，以表达对周雄神保家卫国之功

的敬意。词曲写道：

环登佳节正蓬蓬，钟灵毓秀同高崧。

异人诞降天所崇，金盆之梦神为雄。

亦有大人占维熊，儒门端委推圣童。

显其孝兮隐其忠，骑箕归去何匆匆。

赞翊皇图普护工，钱江千丈浪融融。

辟则实镜磨青铜，有时骇浪如奔洪。

胥车种马声隆隆，天吴跃起瞪双瞳。

长年惊顾心忡忡，维神应祈哀其穷。

屏折丹兮却霙[1]霳[2]，狂飚顿息收乌篷。

否则一掷凌鲛官，恒旸恒雨蝗复螽。

豚蹄厄酒芳村翁，居高首下陈其衷。

祝黍翼翼禾芃□，神明喜悦岁经丰。

家厌粳稻兼葵菘，五行沴气流环中。

遘者为疫缚其躬，呻吟床笫万室同。

游光野仲纷交讧，神赫斯怒偏师攻。

挥天戈兮张天弓，自淮以西浙以东。

---

[1] 霙：古人名用字。

[2] 霳：“霝~”古同“丰隆”，雷神。

尽驰魅櫔[1]苏疲癃，数灵觇兮不可终。

嗟世世兮隶姘傡，撰良辰兮报神功。

铿金石兮罗丝桐，望夫君兮瞩空蒙。

霓旌羽裳葆飚风，青蛙鳖见登珠栊。

牲牷肥腯敬告充，匕有救兮簋有馐[2]。

神其醉止归太空，碧云万丈虹霞红。

　　神曲中记录了周雄神生前儒、孝，死后灵异迭现，平潮涌、治蝗虫、保丰年、驱病疫、护家卫国等"捍患御灾"神功迭出，神曲着重突出了周雄神"捍患御灾"、保佑新登的功绩，并表示要恭敬地祭祷。这些一方面显示了官方对周雄神的高度重视，另一方面也说明了春秋官祭在新登的巨大影响。

　　限于资料匮乏，我们无法求证当时官方祭祀所用的祭器、祭品、祭文和奉神出巡的仪仗，但可以想象祭祀仪式是非常隆重的。从庙记中可以推知，首次官祭时间是乙酉春，即1825年三月初三；官祭地点是渌川神庙；祭祀对象是周雄神像；主祭官是新城县令吴墉，官祀时士绅百姓在庙堂观礼。"牲牷肥腯敬告充，匕有救兮簋有馐"，说明祭祀时供品很丰富，盛放供品的祭器也很完备。祭祀时吴

---

[1] 櫔：古书上说的一种树，果实像板栗。

[2] 馐：食物盛满器皿的样子。

塎县令还写了迎神送神曲一章，"使歌以侑"，为祭祀活动助兴。

　　可以想象，1825年以后，官府和地方百姓对周雄神的春秋祭祀日趋规范，随着咸同兵燹，太平军长驱直入新登地区，这项祭祀活动一度中断。伴随着二十世纪的到来，清末新政掀开了破除迷信的序幕，春秋官祭不再出现。

[贰]民间祭祀

　　与官祭周雄相比，民间按照地区习俗对周雄的祭祀不仅产生的时间更早，而且场面更热闹，内容更丰富，形式更多样，特色更明显。孝子祭往往成为当地的一个盛大的节日，蕴含着丰富的民俗韵味。

　　桂锡孙的碑记中已经提到"翊应生辰，四方稚耋赍瓣香，而祝者杂沓骈阗"。周雄诞辰日农历三月初四，来自四面八方送香烛、祈愿的香客数量已经非常多，在此后八百多年里，渌渚周雄庙何时出现了迎神赛会这样的场景，限于文献资料匮乏，我们无从知晓。但"看三月三"习俗在衢州、渌渚是早已形成了。新城诗人潘成年(1721—1784)有诗云："渌渚波澄浸蔚蓝，周王庙后叠晴岚。外家红袖春衫女，岁岁来看三月三。"在诗尾旁注中作者写道："每岁流觞曲水之期演戏酬神，祈年修禊，远方亲戚竞至，俗呼看三月三。"迎神赛会通常是在国泰民安、盛世太平年间举行。潘成年这首诗描述了渌渚"看三月三"习俗。每年三月初三前后，渌渚周王庙里，祭祀

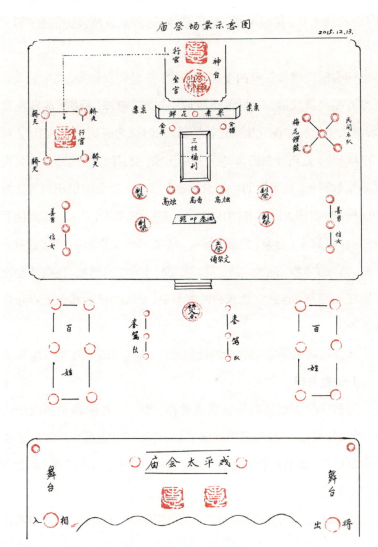

旧时溧川主庙庙祭与庙会太平戏示意图（柯士成制作）

周雄，祈祷丰年，祓除不祥，演戏酬神，远方亲戚都被邀请来"看三月三"。

庙会的出现往往有两个必要条件：一是信众较多，庙宇扩大；二是商品经济发展，商业活动增加。庙会以祀神、祈祷、演戏而聚众，商人借此机会设立集市进行贸易。旧时渌渚码头异常热闹，人称"小杭州"，是新登县西部地区货物运输、交易的重要场所。庙会得以延续数百年，与当地的经济发展密切相关。庙会的组织与运作复杂而精细，中华人民共和国成立前主要组织者是十八社，即渌渚当地的前坞、唐家、孙家、袁家、杨家、高家、李家、邵家、徐家、钱家、江家、周家、章家、高沙、金家坞、谢莲村十六个自然村，还有外婆家郎家庄和船帮。庙会资金来自民间募资、十八社捐助和周王庙庙产收入等。

庙会期间主要祭祀活动为设醮肃拜、周王出巡、演戏酬神等。

1.设醮肃拜

道教中酬神谢恩的集体仪式称作"醮"，"凡醮都是示威于天下，祈福神灵"。三月初三周雄诞辰前一日，当日庙祝在周宣灵王庙里设醮庆贺，请求神消灾镇邪，祈福纳祥，同时也表达酬谢、犒劳周宣灵王的意思。

周王庙会期间的供品，初二先是郎家庄外婆家来上供。初三正日供品由渌渚镇百前村前坞自然村提供。据民间口口相传，前坞是明朝功臣徐达后裔的居住地。徐达后裔中有位在外任职的官员,回乡访村时看到周王庙的热闹景象,交代子孙,初三正日的福礼由徐氏家族操办,这一习俗一直延续至今。前坞自然村是个小村落,有三十户人家。现在这三十户人家分成四班,每年轮流置办供品,供品是三荤三素。三荤:鸡、肉、鱼;三素:除了豆制品,其他如长寿面、糕饼等。祭祀时肉用猪头上插一猪尾巴代表全猪。秋祭供品还增加了稻、麦等五谷。

三月初二就要到庙前设坛,备好五谷、酒、猪肉、香烛、元宝等供品,初三清晨,庙祝开始主持醮会仪式,其主要仪式有:

(1)祭天地:先拜天地菩萨。

(2)洒净:把神坛附近扫干净,用清水洒一遍以示荡秽辟邪。

(3)焚香:点燃三炷香。

(4)禀神:把心中想说的话向周雄神禀告。

(5)烧衣纸:把彩纸剪成的供周宣灵王穿用的官服连同元宝烧掉。

(6)问卦:掷杯珓,用来查验是否风调雨顺、五谷丰登等。

(7)分衣食:祭毕,把供品分给捐资者,表示周宣灵王赐福气。

随后当地民众不论身份贵贱,都沐浴更衣,前来列队恭拜。

以上仪式是由相关传承人口述而来,比较简单,真正的醮仪绝

不止这些。我们从近年恢复的渌渚孝子祭中发现孝子祭仪式前还有道士"解厄作福"这一环节,后文将做专题讲述。

2.周王出巡

旧时一年一度的庙会活动,分坐会和巡会两种。坐会是神像在庙里接受香火,各位香客对周王神像焚香点烛,跪拜叩头。巡会则是抬着周王神像在城乡巡行的一种宗教仪式,故又称"出巡"。出巡安排在三月初三早晨。出巡时,周王小樟木神像端坐在朱漆贴金的龙纹轿椅内,前有锣鼓、仪仗队、彩旗幡伞队开道,后有民间文艺会班跟随。所到之处居民张灯结彩迎驾。每逢抬神巡游,百业停工,观者如潮,锣鼓震天,鞭炮齐鸣,凡是能娱神娱人的民间舞蹈与杂技都活跃于迎神队列之中。据老人们回忆,旧时春、秋两祭,祭祀活动期间安排周王巡游,整个新登县(新登地区、龙羊地区)抬阁、高跷、龙灯、竹马、狮子、大头和尚、流星、钢叉、铜铳、鼓乐、细乐等民间文艺会班都会自愿前来参与,所以"巡会"又称为"迎神赛会"。参加出巡的文艺会班全体成员头天晚上必须淋浴洁身,禁房事,三更起床准备点心、化装,五更集合会齐,放铁铳三声后从本村出发,到渌渚后,先到周王庙祭拜,再参加游行表演。

这些民间舞蹈与杂技表演的目的在于驱除邪疫、祈求太平,是娱神,更是娱人。它使得更多的人参与到民间信仰活动中来,在潜移默化中受到周雄孝道文化熏陶。更多的乡民趁周王庙祭祀,有的上庙烧香、赶集买货，有的祈神赐福、乞嗣求子，有的祀神酬神、病家许愿，有的祈祷家人太平、财源茂盛，有的祈求三星高照、延年益寿，形成民间信仰活动的一个高潮。

　　旧时渌渚周王庙的迎神赛会，要七八十岁的人才能有幸看到，近年恢复的迎神赛会与时俱进地加入了许多现代舞蹈的元素。富阳乡土文化研究者张宝昌孩提时代亲眼所见民国时期渌渚迎神赛会盛况，摘录如下：

　　　　渌渚周宣灵王庙濒渌渚江而建，三天前就请来了富阳陈金元京剧团，由该团台柱盖天红主演连台本戏《大兴周朝八百年》（又名《太公遇文王》）。

　　　　三月初三日早晨，周宣灵王出巡，四面金鼓开道，八面大旗前巡。

　　　　紧接着是护驾铜铳队，二十名身穿黑色排扣紧身袄的壮实汉子排成双行。个个腰悬牛角，手持铜铳，不时点燃引线，举向空中，发出嘣嘣的爆炸声。

　　　　其后是流星队，十名穿着青色排扣紧身袄的汉子手持两头穿着铜钱的软绳，舞动似轮，并不时抛向天空，落下后，用手掌"虎口"一叉，流星又弹向空中，如是三四折，天空中尽是此起彼落的流星锤子，使人目不暇接。

其后是钢叉队,十名身穿黄色排扣紧身袄的汉子扎着头巾,人手一叉,熟练地在手臂上下、左右及颈后滚动。钢叉上嵌有金属环子,随着滚动发出哧啷啷的响声,听来颇觉悦耳。

之后,鼓乐队,身穿红色长袍的仪仗队。后面是十六名着白衣白裤、手持花篮的童男童女导引着由十六名扛夫抬着的神座。神为坐像,金冠绿袍,威仪慑人。巨鼻耸目,魁岸壮实。

一队细乐队随后,吹吹打打,鸾凤和鸣。期间,不时有人为神披红祈祷,场面甚是热闹。

迎神队伍中,"开路"是比较讲究的。四面金鼓开道,八面大旗前巡。整个队伍分五部分:开路队(金鼓队、大旗队)、杂技队与民乐队(铜铳队、流星队、钢叉队、鼓乐队)、仪仗队(仪仗队、花篮队)、神座(十六名扛夫抬着)、后拥队(细乐队、善男信女)。在迎神过程中,还不断有人为神披红祈祷。

周王神像出巡时有路祭,一些人家会把周王神像迎到自家门口进行供奉。他们在路边设一供桌,放上一些祭品,然后周王神像摆在桌前,东家上供品、点烛、上香、跪拜。仪式结束后,东家拿一红包给銮驾队伍,红包多少由东家随意给。周王神像出巡时,沿街的家家户户都出门迎接,点香、点烛、烧元宝、放鞭炮,保佑平安。路祭接的人越多,时间越长。抬神巡游一般是按逆时针方向行走。巡游

路线大致包括以前渌渚乡的大部分村落以及周雄外婆家郎家庄。出
巡队伍到郎家庄后,周雄神像要在郎家庄神庙里住一晚。出巡在中
国传统民间信仰活动中是一个普遍的现象,是具有象征意义的祭祀
仪式。周王巡游是为了亲民,近距离接受信徒的膜拜,展示周宣灵
王的和善、礼贤下士的一面。另外一个目的就是巡视地盘,意思是:
凡是神巡游过的地方,神都会保境安邦,确保太平。

3.演戏酬神

渌渚周王庙会期间的酬神演戏,始于何时没有记载。在衢州,
明末清初文学家、戏曲家李渔(1611—1680)在《迎神赛会》中写道:
"天妃宫月月《风筝误》,周王庙旬旬《比目鱼》。"由此推测,渌渚
周王庙中的戏台在明代也已经出现。据渌渚当地长者回忆,旧时渌
川主庙酬神演戏热闹非凡,旧时演戏有徽班(京剧)、绍兴大班(绍
剧)、新昌高班(调腔)、东阳班(婺剧)以及小歌班(越剧)等。从
内容上来看主要有五大类:忠孝节义的伦理戏、精忠报国的忠良
戏、解民倒悬的清官戏、因果报应的宗教戏、男欢女爱的爱情戏
等。酬神演戏要求对神明敬重,一般以前四种戏为主,具有一定的
伦理教育意义。

清代以后,演戏酬神主要在渌川主庙对面的戏台上演神功戏,
以酬谢周王保佑和庇护。所谓神功,就是神的功劳,演"神功戏",
就是为向神祈福或为酬谢神恩而演戏。不但庙会期间演戏,其他时

间也演戏。庙会期间演戏，戏金由十八社出，偶尔由乡贤出钱演一场。演戏酬神，从初二夜场开始，初三下午场、初三夜场、初四下午场、初四夜场，共计三夜五场。初三正日下午演戏前，规定加演"扮八仙"戏，降福、降平安。庙戏组织方要另加红包和水果糖。初四夜戏必演团圆戏。

跳八仙，又称"扮八仙"，八仙庆寿，因八仙前去庆贺王母娘娘而得名。由九人分别扮演汉钟离、铁拐李、张果老、曹国舅、吕洞宾、何仙姑、韩湘子、蓝采和、王母娘娘。先是汉钟离、铁拐李从"出将"门出来，每人到台正中念诗两句，如汉钟离念"手拿阴阳芭蕉扇，身在昆仑诚修道"。两人再站到一桌两椅的两侧，张果老、曹国舅、吕洞宾、何仙姑分别从"出将""入相"门出来，也是各念两句诗，与前面两位一起分立两旁，最后韩湘子、蓝采和簇拥着王母娘娘从"出将"门出，也是各念两句诗，韩湘子、蓝采和与前六者一同分立两旁，王母娘娘则居中而坐。"八仙"手拿道具（法器），向王母娘娘做各种拜揖动作，并三跪九拜，再向观众拜揖。最后由王母娘娘来讲一些吉利话，诸如国泰民安、风调雨顺之类。八仙与王母娘娘是传说中的人物，个个神通广大，为天下人排忧解难。"扮八仙"也是祈福的意思。

据富阳乡土文化学者柯士成调查，旧时富阳区永昌镇青何周孝子祠也举行春秋周王庙会。每逢三、九月，当地善男信女吃素

"七七四十九天"，杀猪匠刀具上交统一保管。庙会期间举行"拜皇忏""做道场"等活动。行祭时，周宣灵王神像左右增加"四相公（陈、许、朱、何姓）"神像抬行，四相公由百姓公认评选，相当于如今评出的孝子、孝媳，如陈相公被称"老虎菩萨"，传说其打虎为民除害。行祭时，筏户、客商云集祭祀，随队伍行进。行祭地点为周雄外婆家、姑姑家、阿姨家等亲属居住地方，如新登地区湘主殿边、观音堪头、柴场里、湘溪坞里等地，他们相约在半路上迎接，供奉在当地土地殿、寺庙或宗祠里，朝拜一番，时隔月余再由另地迎抬他处，周游乡里，至年底抬回青何周孝子祠。三月三庙会演戏以绍剧、京剧为主，戏金由牛（耕田）户、筏户及轮庄的社（今称村）出三台，乡贤出二台，共计三天五台。第一台戏加"扮八仙"，戏文演至天明。庙会期间集市闹猛，仅一里许何皂（老街）殿边有近三百家摊位，经营小吃、日用百货、山货等。由此可见，青何周王庙会与渌川周王庙会有相同的内容，也有各自的特色。

历史上渌渚"迎神赛会"时断时续。太平盛世可以年年举行，一旦遇到灾年、战乱，通常数年举行一次。旧时周雄庙虽然有一定的庙产以及善男信女的捐赠，但它只能用于庙宇整修、神像装饰、演戏酬神，这类的开支也需要几年的积累。而对于百姓来说，巡会时要接待远亲近戚看庙会、看戏，需要置办一定的荤汤酒水，这也是一笔不小的开支。所以隔几年举办一次迎神赛会，合情合理。二十

2012 年秋祭演戏酬神（渌渚镇综合文化站提供）

世纪二十年代后期，国民革命以及之后的南京国民政府在建立和巩固的过程中，对所谓宗教迷信的大规模取缔，对乡村赛会活动的影响是显著的。到二十世纪四十年代后期，迎神赛会活动完全消失。周王庙会也在这一时期开始消失。

4.渌渚孝子祭相关活动

（1）其他祭祀活动

孝子祭除了三月三、九月九[1]集中祭祀外，还有四时八节的祭拜活动。

---

[1]春秋官祭原定在三月初三春祭，九月初十秋祭，后逐渐演变为九月初九秋祭。

年三十守岁：这一习俗延续至今，近十年每年来庙里陪周宣灵王守岁的民众约有三百多人，以渌渚本地村民居多，有的到庙里吃年夜饭，有的吃过年夜饭再来。善男信女们坐到晚上十二点才回家。

二月二祭神：这一习俗延续至今。每逢这一天，有许多百姓前来作福，民间称为"上春福"。

举行盂兰盆会：农历七月十五，俗称鬼节，周王庙里道士做道场，渌渚江里放水灯，大路上插路香，祭祀并超荐无祭孤魂。光绪三十二年（1906）《重修周王庙兰盆会碑记》记录了这一习俗。

每月初一、月半祭：每逢初一、月半，周王庙里点香插烛，焚帛焚纸，百姓也前来祭拜。

船帮出江祭祀：渌渚埠曾是帆船云集的码头，撑船的船民、撑排的排民出江前要来周雄庙祭祀，希望得到水神周宣灵王保佑，一路顺风。渔民、船民、排民在水上作业时遇到狂风恶浪，烧黄纸扔到江里向周宣灵王祈祷。

（2）周雄神到外婆家过暑期

道光《新登县志》记载："周显佑王母党在昌定乡郎家庄，每年六月六日，里人迎至厅堂，供奉九月六日送渌川庙。"每年夏季农历六月初六至九月初六重阳节前，周雄神像（出巡时的行像）安放到周雄外婆家——新登郎家庄周雄庙。六月初六当天，郎家庄派人把周雄神像从渌渚镇周王庙接到外婆家周雄庙，意思是周雄神到外婆

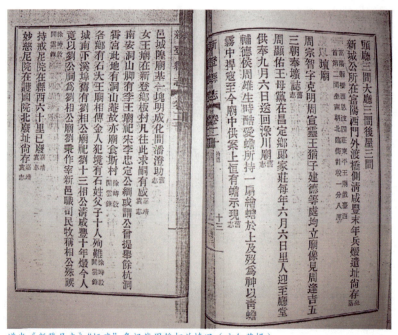

道光《新登县志》"坛庙"条记载周雄相关情况（方仁英摄）

家过暑期。神像抬到祠堂门口，要三进三出，抬进又抬出，抬进又抬出，第三次才落座。意思是周雄神进去看一下外婆不在，就出去找一下，再进去看看还是不在，又出去找了，第三次进去外婆总算回来了，才安心落座。直到九月初六重阳节前，周雄神才被送回到渌渚周王庙，参加九月初九周宣灵王秋祭。

（3）求神签

求卜者到庙里向神求卜，求签者要三天前淋浴，吃素斋，向神像跪拜，祈祷，然后求签。周宣灵王神坛上至今还设有签筒，内贮竹签。卜签是一长二十五厘米、宽一厘米大小的薄竹片。一端削成尖头，一端平直。每支竹签上刻有编号，号码为一至一百。一百支竹签，对应一百首签诗。签诗是善男信女向周宣灵王卜问吉凶福祸的谶言。每首签诗共有四句，每句七字，仿照格律诗写成，但并不讲究格律、平仄，采用比喻、隐喻、谐音、双关等多种修辞手法，示意简洁，不过内容多模棱两可，随人而解，让人读后有所感悟。抽签时，

求者手持竹筒抖动，直到震落一签，然后对应这个编号的签诗去解读。签诗内容的优、好、一般、差分别刻上"上上签""中上签""中下签""下下签"四类。周宣灵王殿里现有汪国成、邵国成两人会解签。解签人询问求签者要祈求什么方面的内容，如婚姻、财运、疾病等，按这个思路去解签诗。

周宣灵王庙求神签的签筒与签（吴昱摄）

（4）盖印

印是用篆体刻成的，上书"周宣灵王印"。善男信女遇事不顺，会到周王庙来盖上"周宣灵王印"，意为周宣灵王随时保驾远离灾祸。通常是盖在穿着的衣服反面领口下方。

（5）许愿、还愿

民间认为，神明能解决个人需求与社会群体需求。个人的生活需求，如求子、祛病、保平安等，群体的需求，如风调雨顺、五谷丰登、社会太平等，都由周宣灵王来承担。许愿（乞求）还愿（报答）是个人通过祈祷、烧香、磕头、上供等祭祀行为与神交往的基本模式。

[叁]2016年孝子祭实录

近百年前，民俗学家顾颉刚在考察北平妙峰山庙会时曾感叹："赛会是江南的好，因为他们文化发达，搬得出许多花样，而且会斗心思，一个地方有了几个赛会，就要争奇斗胜，竭尽他们的浮华力量。"（顾颉刚.妙峰山.上海：上海文艺出版社，1988：12）。历史上渌渚周王庙会，也以排场大、花费多、影响大而著称。近代中国经历社会巨变，国家政权以移风易俗为号召，以国家正统的意识形态为标准，对民间信仰予以排斥，直接导致乡村民间信仰活动的消退。渌渚周雄信仰直到二十世纪九十年代才重回民间。2005年开始举行孝子祭仪式。2014年，孝子祭列入第三批国家级非物质文化遗产扩展名

2013年秋祭演戏酬神（徐昌平摄）

录，成为一种被国家接纳和认可的公共文化。

1.公祭孝子周雄

在非遗保护背景下的孝子祭在传承中有了新的变化，孝子祭在国家、地方、民间的合力下从民间文化、地方文化上升为象征民族、国家的中华文化，并且三者之间建立了一种互惠互酬的关系。下面为2016年孝子祭实录。

在整个活动中，渌渚镇政府出面协调，渌渚村村级组织参与管理。富阳区非遗保护中心和周雄孝文化研究会参与指导。活动经费由2016年中央财政下拨二十万元孝子祭非遗保护专项经费中支出。渌渚孝子祭有娱神和娱人两大内容。整个仪程由周王出巡、祭祀仪

淥渚周雄孝子祭

淥渚周宣灵王殿理事会成员（方仁英摄）

淥渚周宣灵王殿工作制度（方仁英摄）

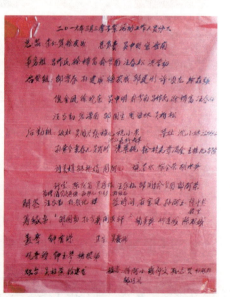

2016年三月初三孝子祭工作人员分工图（方仁英摄）

节、演戏酬神三个部分组成,其中祭祀仪节为重点。

在整个活动中,祭典活动小组起着关键性的作用。1992年以后,当地民间成立了周雄纪念室管委会。管委会成员以渌渚镇渌渚村村民为主,还有新登双塔村村民、新登镇上居民,约有四十人。首届组长为宓根木,宓根木去世后,由徐阿孝担任组长,现在由吴中明担任组长。管委会主要负责周雄纪念室日常管理、春秋两季祭典活动、春节期间值班等。管委会成员九人,李仁贤、吴中明、吕作民、宓浩南、俞雪南、徐樟富、洪学初、郎阿勇、童萍花。管委会成员自然成为祭典活动的核心成员。以2016年三月初三孝子祭活动为例,李仁贤、徐友成为总监,吴中明、宓浩南总负责。根据活动需要分设事务、治安、后勤、财务、神事等小组,各司其职,使活动有序进行。事务组负责购买物品、香火;后勤组又分饭灶、菜灶、洗菜碗、烧茶水、行堂、管理消灾延寿饭等,具体安排香客的饭菜、茶水;治安组负责香烛焚烧的安全、维持秩序;财务组由筹缘组担任,记录账簿,登记香客的捐款捐物;神事组分解签、盖章小组,负责签诗解读,盖周宣灵王大红章。2016年三月初三孝子祭参与香客众多,仅大米就吃掉了六百多斤,接待任务比较繁重。

(1)周王出巡

2016年三月初三孝子祭周王出巡,从周宣灵王殿出发至渌渚村口,再从孝道景观路,经孝源景观区,再到孝风广场。出巡队伍二百

余人。依次顺序为：

先遣开路队伍：引灯二人，开锣二人，主祭、副祭四人，司仪一人，举"肃静、回避"牌八人，耍流星四人，舞钢叉五人。

抬架迎神队伍：举八龙旗八人，举三角孝旗二人，撑灯家丁四人，戎装武士十人，持十八兵器銮驾队伍十八人，梅花锣鼓八人，举旗牌官八人，举周宣灵王旗一人，太监持云帚一人，持尚方宝剑一人，亮伞（撑华盖）一人，抬神轿八人，周宣灵王神像端坐在八抬神轿内。

民间文艺团队：舞狮会十八人，竹马队十九人，大头和尚队二十人。

后勤保障队伍：执事四人、管服装道具十人、鸣炮四人、后勤队十五人。

善男信女数千人尾随。

出巡过程中没有停下来路祭，但每到一处，百姓点香、焚烛、放炮仗，以示祭拜。

参加出巡人员以渌渚村村民为主，其他村援助，其中竹马队来自渌渚汪家阆坞村，大头和尚队来自渌渚桃花岭村。出巡人员一律穿戴宋代服饰，持着矛戈、旗幡、灯牌等各种仪仗器物，装扮成家丁、武士、旗手、轿夫、随人等各色人等，由响锣开道，官丁高举着"肃静""回避"字样的两面灯牌，前呼后拥，与旧时地方官吏出行无异。

信众朝拜出巡中的周宣灵王神像（徐延镔摄）

周宣灵王出巡经过孝心池（徐延镔摄）

出巡队伍抬着周宣灵王神像走向孝风广场舞台（徐延镔摄）

周宣灵王神像端坐八抬大轿（徐延镔摄）

引灯队（徐延镔摄）

（2）祭祀仪节

出巡之后回到周雄纪念馆前孝风广场上，这里已搭起了舞台，舞台坐西朝东，轿夫把周雄神像安放在西面的舞台正中，迎接人们的祭拜。以前三月初三祭祀周宣灵王是在周王庙里（周孝子祠、周宣灵王殿），参拜对象是龙亭上周宣灵王的坐像。2016年，考虑到周宣灵王殿内外空间狭窄，容纳不了众多观众，祭祀仪节调整到孝风广场上举行。参拜对象是周宣灵王出巡时的神像。

祭祀供品

祭祀是邀请神灵的宴饮。祭品的供奉直接体现祭祀者对周雄神的虔诚和敬意。2016年的祭祀供品由村里开支。供品如下：

2016 年三月初三孝子祭供品（吴昱摄）

三荤：猪头一个、鲤鱼一条、公鸡一只；三素：白豆腐、油豆腐、豆腐干；时鲜水果：香蕉、苹果、橘子；点心：面、年糕、粽子、米果；另置三碗饭、三只酒杯、三双筷、三只茶杯；猪头旁边放一把菜刀。

其中，猪头上插一猪尾，有头有尾表示全猪；鸡用杀白全鸡，公鸡鸡头、鸡尾、鸡翅留点鸡毛，表示看起来是新鲜的鸡；鱼用的是鲤鱼，必须是鲜活的，祭祀前先用黄酒醉过，用红纸贴住眼睛，祭祀后鲤鱼要放生；祭祀的酒用黄酒。

秋祭祭品，除上述外，还上供玉米、麦穗、稻穗、粟米、高粱等五谷，以报丰年。

祭祀用具用木质方形托盘。

祭祀仪程

祭祀仪程根据时代的变迁有变异，但基本的程式还是固定的。祭祀过程大致为：奏乐、击鼓鸣磬、上香点烛、敬献供品、叩拜祭奠、诵读祭文、焚帛、焚祭文、善男信女参拜。下面以2016年渌渚三月初三"公祭周宣灵王典礼"为例，加以说明。

2016年春公祭周宣灵王典礼

一、"千古文明礼，百善孝为先"，富阳区渌渚镇六渚村

公元2016年农历"三月三"，公祭周宣灵王大孝子周雄典礼

开始。

（开锣十三下，鸣炮、擂鼓、奏乐）

二、恭迎宣灵王大孝子周雄移驾登坛升座。

（队列从展览馆出，登台升座，身后两旁金童玉女，身后黄罗伞，周宣灵王旗在左侧，身前二太监分立左右侧，鼓乐奏"朝天子"）

三、祭祀执事上台执礼。

（四执事上台向神座行礼，向观众行礼，奉香、敬香，燃香点烛，斜八字分立祭桌两旁）

四、有请主祭李仁贤先生摆祭、献素果、奉三牲。

（后勤备供品台下，四执事下台接取供品上台，交主祭人摆放，鼓乐以慢拍子奏"朝天子"，主祭人下台）

五、恭请周宣灵王受食上飨。

六、"孝为国之根本，孝子人人敬之"，有请国家级非物质文化遗产孝子祭省级代表性传承人、主祭李仁贤先生，杭州市级代表性传承人、副祭徐友成先生，周宣灵王殿代表吕作明先生、孙志贤先生，向周宣灵王大孝子周雄恭行大礼。

（每上台一位，向观众抱拳行礼，执事授以黄巾）

七、各位来宾朋友请随行祭人一起叩拜周宣灵王。

一叩拜：一叩首、再叩首、三叩首，起。

再叩拜：一叩首、再叩首、三叩首，起。

三叩拜：一叩首、再叩首、三叩首，起。

礼毕。

八、几百年来，周雄周宣灵王誉满四方，更有四朝六皇十一次赐封，乃中华传统孝道文化之杰出典范——请主祭李仁贤先生宣读祭文。

九、化祭文。

（执事燃元宝，与祭文同焚化，主祭人向周王三叩首，向观众三鞠躬，由金童玉女引下台）

燎毕。复位。

十、"孝道行，文明盛，地方安，士民欢。"

六渚村舞狮有着悠久的传统历史，狮为百兽之王，威武雄壮，青狮吉庆，瑞气祥和，盛世升平。请看舞狮。

自古传今，古代名将，威风八面，精忠报国，万夫莫敌，鞭策后人，树立爱国主义思想。请看渌渚镇阆坞竹马表演。

黑白无常降妖除魔，笑弥和尚欢笑人间，驱邪避灾，大吉大利，四季安康。请看桃花岭村传统剧目《跳大头》。

十一、公元2016年阳春三月初三，周宣灵王"孝子祭"典礼礼成。

（鸣炮、擂鼓、奏乐）

二、孝子祭的内容与形式

向周宣灵王大孝子周雄恭行大礼（徐延镇摄）

整个祭仪包括迎神——酬神——送神。迎神时,开锣奏乐、鸣炮擂鼓,营造欢乐祥和、激越高亢的气氛。酬神时,燃香点烛,这是开启人神对话的前奏,拿什么酬谢周雄神?素果、三牲,请神灵吃饱喝足。叩拜、叩拜、再叩拜,对周雄神表示千恩万谢。谢之不足,宣读祭文,赞美之辞溢于言表。焚祭文、焚元宝,让周雄神带着人们的尊崇和财富到另一个世界去享用。跳狮子,青狮吉庆;跳竹马,万夫莫敌;跳大头,驱邪避灾。民俗舞蹈也充当祭祀的重要内容,以舞乐神娱神,更乐人娱人。

祭文,又称"祭神文疏",在整个祭祀仪式中,起到通天达地、沟通人神的媒介作用。祭文四字韵文,备述周雄生前故事、身后威名,并表示要将周雄孝行发扬光大。祭文中也恳请周雄神佑我家邦,免灾降福。宣读完毕后要化燎。

2016年春祭祭文如下:

主祭李仁贤宣读祭文(李莲君摄)

惟公元2016年岁在丙申三月初三,春阳熙和,万物回阳。我富阳区士民,聚集于周宣灵王大孝子故乡渌川,敬备时鲜素果、三牲福礼，举行公祭典礼。铭曰：

伟哉我王	世代颂扬	养亲奉母	孝闻里党
青年远行	三衢经商	忽闻母病	孤舟返乡
风高浪涌	殁于大江	英年早逝	实堪哀伤
里人立祠	以志不忘	事闻朝廷	封侯谥王
威灵显赫	万民敬仰	春秋两季	备受烝享
喜逢盛世	民富国强	我王孝行	光大弘扬
孝顺父母	尊敬师长	和睦乡邻	爱国爱党
诸邪不侵	百毒可抗	全心全意	光我家邦
坚定步伐	奔赴小康	强国之梦	羽翼鹰扬
风调雨顺	无灾无殃	国泰民安	福寿绵长
安居乐业	幸福无疆	我王泽惠	百世永昌
春秋两祭	再到重阳	祭文读罢	伏惟尚飨

以乐舞敬神娱神，这是中国古代文化的传统。一般持吉祥物为道具而舞，舞蹈的目的在于祈求太平，驱逐灾疫，在娱神中娱人。这里介绍2016年孝子祭典礼上出现的渌渚狮子、阆苑竹马、大头和尚。

渌渚狮子：富阳民间喜好狮子，狮子作吼，群兽慑服，由此认为狮子是"避邪纳吉"的神兽。在富阳区，渌渚狮子素享声誉。狮子由竹篾扎成狮头，狮子毛呈翠绿色，是采用高山上的狮子茅草扎成，

2016 年三月初三渌渚青狮表演（徐延镔摄）

2016 年三月初三渌渚青狮表演（吴昱摄）

一任跌扑滚爬，仍油光闪亮，不褪色，不掉毛。表演时，由两人合作
扮演一只大狮子，一个把头，一个摇尾，共有两只狮子，另有一个人
身穿打衣，头戴扎巾，武士打扮，持狮灯逗引。狮舞的动作多模仿狮
子平时的习性动作，或表演狮子温驯可爱、活泼嬉戏的模样，动作
有搔痒、舐毛、抖毛等，或表演狮子勇猛威武的特性，动作有打滚、
跌扑、腾跃、踩球等。

　　阆苑竹马：竹马道具由马体、马裙、马靴、马鞭组成，共有八只，
有黄、红、白、黑各两只，表演的内容一般是《三国演义》中的"长
坂坡""甘露寺""回荆州"和宋朝的"杨家将""辕门斩子"等。阆
苑竹马有庞大的队列，队列以开锣二面，彩旗十面，成灯、壁灯各二
盏，帅旗各一面，铜叉十把，流星十支，铜铳二十把，丝弦唢呐一副，
锣鼓相随。现场表演，板胡、京胡等乐器鼓乐合奏【朝天曲】（曲牌

2016 年三月初三渌渚阆苑竹马表演（吴昱摄）

跳黑马扫除一切人间污秽（徐延镇摄）

名）敬神灵结束，一马夫翻筋斗入场，将马房中黄、红、白三马牵出，梳洗马毛、添料喂水、装上马鞍之后，另一马夫将另外黄、红、白三马牵出，以金钱阵起阵、开四门，转紫箍阵亮马，游长蛇阵、绞丝阵、旋涡阵、剪刀阵等，接着两马夫又牵出二黑马，二黑马跳舞称为"扫马"，扫除一切牛鬼蛇神及民间不正之气，福佑四季平安、五谷丰登、六畜兴旺。竹马的阵式较多，马夫生动活泼的表演与鼓乐相应，使竹马表演更上一层楼。竹马既适合广场演出，也适合在舞台上表演。

　　大头和尚：跳大头也叫禅灯。在舞台或广场上都能演出，演员有三十多人，属哑剧，全部表演用手势动作表达，并配有音乐。表演主要反映村中村民一家老小到寺庙中求神拜佛的过程。开始时鸣号，唢呐、锣鼓齐奏，然后寺院中的观音菩萨、四大金刚以及老和尚、小和尚出场各就各位，观音菩萨盘坐在莲花中，四大金刚立在两边，两

桃花岭大头和尚表演（吴昱摄）

桃花岭大头和尚表演（徐延镶摄）

个小和尚在寺院中打扫卫生,然后出门化缘,展现寺院中日常生活的一个情节。接着村中一农户一家老小准备到寺院中拜佛,采购香火、蜡烛等物品,中间还穿插出现店堂老板和伙计。随后这家人到寺院烧香拜佛,寺院的和尚接待香客。整个演出既诙谐又严肃。

（3）演戏酬神

2016年春祭演戏酬神,由周宣灵王殿出资,邀请绍兴县梨园小百花越剧团演出,共演戏五场,分别是三月初二夜场、三月初三下午场与夜场、三月初四下午场与夜场,花费资金2.8万元。三月初三下午正场开场戏"扮八仙",三月初四夜场演团圆戏。观看人数众多。

2.解厄作福

近年来,每逢三月初三、九月初九,周王庙要请胥口棠棣村法师（道士）桑光明前来作醮仪式,为老百姓解厄作福。民间称之为"过关、作福",这一活动善男信女参与人数众多,整个过程需要两小时。为避免与孝子祭活动相冲突,"过关、作福"通常安排在早上六点至八点。过关、作福是两套科仪,过关是向王母娘娘祈求,作福是向玉皇大帝祈福。

（1）过关

民间认为人一生有几个重要关口,大节大克。关过了,节克就避掉了。道教认为人生有三十六大关,七十二小关。新登地区民间醮仪

2012年过关科仪（渌渚镇综合文化站提供）

中，以"小小灶师关""鸡飞落井关""大大阎王关"三个关为代表，过了这三个关就表示一生的关口全过了。

祭品准备：三荤（猪头、鸡、鱼）；三素（豆腐、黄花菜、藕）。

物品准备：蒸桶一只、米筛一把、小斧头一把、小钵头一只、过关雄鸡一只、小椅子一张、红纸牒文一张、足斤烛一对、香三支。

祭坛设置：用三张桌子搭台，台搭在周宣灵王殿内龙亭左侧。下面两张桌子相距约六十厘米，上面搁一张桌子，桌上设一香坛，放一块一丈六尺红布，放一只斗盛满谷，斗内放尺、镜子、剪子（代表驱邪棒、照妖镜、金剪）。

过关仪式如下：

净水：师公手拿一只盛满清水的碗，用柳枝蘸碗中的水，为信众净身，念"净身咒"：

灵宝天尊，安慰身形，弟子魂魄，五脏玄冥，青龙白虎，队仗纷纭。朱雀玄武，保卫我身，我以月洗衣身，以日炼身形，仙童扶玉女，二十八宿同行，千邪万秽逐水而逝，仙神帝君令到奉行，太上老君急急如律令。

读名：师公手持红纸牒文，上面写满过关人的姓名，从头至尾读一遍。读完后在红布上飘动三次，红布代表王母娘娘的仙轿，意思是过关人的名字已经送抵王母娘娘手中。

进坛：师公带领信众，先拜周宣灵王，再在前拜王母娘娘。信众轮流着拜。

过关：师公带领信众来到关前（一把链条锁象征性地锁在下面两张桌脚之间），对把关童子说："把关将军前面来到什么关？"把关童子说："来到小小灶师关。"师公用桃木宝剑劈开铁链，带领众人从桌子底下穿过，寓意"斩除妖魔，保佑平安"。穿过之后，道士祭拜、踏云步、摇道铃、念法语，带领众信徒走到大孝坊以外，然后再回来。法师如此转三个圈子就象征过了小小灶师关。再用同样的方式过"大大阎王关"。

烧替身：破"鸡飞落井关"，要烧替身。替身是雄鸡，它代人受罚。鸡先放在秤上，先敬鸡三杯酒，然后把蒸桶横放，把鸡在蒸桶里转三圈，再把蒸桶竖直，鸡放在蒸桶里，盖上米筛，表示"鸡飞落井关"；将两对元宝烧在小钵头里，红纸牒文在信众头上挥一下，再放到钵头里烧掉，表示王母娘娘已经拿走了过关名单；用斧头把钵头敲破，表明关口已破。

过"鸡飞落井关"，法师念：

　　吾今赐你三杯酒，信女（童）关煞你承当，金鸡放在金秤上，且与孩童替灾殃，度得孩童关煞过，福寿如同日月长。

　　天官解天厄，地官解地厄，南斗解四时厄，北斗解一切厄，信女桥上过关煞，桥下度逍遥，打开金锁路，跳出铁蛇关，孩童增福寿，兄弟保团圆。

分红毛线：周王庙里给过关的信众分红毛线，挂在脖子上；分红布带，挂在车上保平安。

过关盖章：法师在信众身上或衣服上盖上"玉清坛"字样的章。"玉清坛"是法师、正一散居桑光明的坛号。

烧元宝，放炮仗：请周宣灵王、各路菩萨保佑大家平平安安回家。

（2）作福

上供品。三荤：猪头、雄鸡、鲤鱼；五素：白豆腐、豆腐干、黄花菜、香菇、藕；五碗饭、五碗酒、五只酒盅、五双筷子；三糕饼：状元糕、步步糕、定胜糕；三水果：苹果、橘子、香蕉；三干果：红枣、桂圆、荔枝；三点心：粽子、长寿面、年糕；二茶：清茶、糖茶；两支甘蔗；香、烛、元宝。

周王庙负责人点烛焚香。具体为：周宣灵王前足斤烛两对、香五支；天地菩萨足斤烛一对，插在外面架子上；大门菩萨足斤烛一对；灶师菩萨小蜡烛一对、香三支。周王庙里每个神像面前都点上红烛，意思是"满堂红"。

周王庙负责人敬天地菩萨，烧元宝，敬三杯酒。再敬周宣灵王，烧元宝，敬三杯酒。

道士进场，作福仪式如下：

净身：道士点燃三张黄表纸，对天地菩萨拜三下；再点燃三张黄表纸，对周宣灵王拜三下。念祖师咒：

天地自然，秽气消散，洞中玄虚，晃朗太元，八方威神，赐吾自然，灵宝符命，普告九天，乾罗怛那，洞空太玄，斩妖缚邪，杀鬼万千，中山神咒，无始玉文，持诵一遍，祛灾延年，安行五岳，八海知闻，魔王束手，持卫我轩，凶煞退避，道气长存，太上老君急急如律令。

请神：也叫"召神"。先请上清、玉清、太清；再请天上各路菩萨，读祈福牒文，牒文上写着各位祈福信众的名字；三请当境土地菩萨周宣灵王。接着法师报新登上四乡、下八乡各庙菩萨名字。

法师报完后，念法语：

里至源头，外至水口，有坛无庙，有庙无坛，宫宫请到，殿殿邀行，连香接见，土谷神祇，弟子侍奉，长生香火，道释高真，东厨司命，皇帝灶君，前后各庙，五圣众神，祈具神坤，一

2012 年三月初三作福科仪（渌渚镇综合文化站提供）

切众神，龙来赴东海，鹤来翻南山，轿子停左右，马来立两边。
年长者请上坐，年幼者两旁陪，千人共祈斋，万人共祈增，千祷
千灵，百祈百应，无分高下，礼施行前。弟子虔诚，酒增三献，
伏以。

敬酒、跪拜：周王庙负责人三敬酒。敬完之后带信众跪拜。

焚帛、焚牒文：周王庙负责人焚帛、焚牒文。接牒文对天地菩
萨三拜，对周宣灵王三拜，再把牒文放到元宝上烧掉。道士念道
士经：

　　有坛的回坛，有庙的回庙，无坛无庙的各回原处。……手
捧牒文上天庭，救得男来男康健，救得女来女安宁，随我救父
母，准救国王身，吾奉太上老君急急如律令。

放炮仗。

散福：请信客中午在周宣灵王庙里用餐。

"解厄作福"这一习俗在原新登县地域里依旧存在，这可能是
旧时民间设醮肃拜重要内容。由于资料缺乏，我们无法知晓旧时周
宣灵王醮仪的整个过程，但从富阳西部地区遗存的民间醮仪中，仍
然可以看到一些当年的影子。

2016 年三月初三作福科仪（吴昱摄）

2016 年三月初三周宣灵王殿祭拜盛况（吴昱摄）

三、孝子祭的流布与发展

周雄信仰的传播包括两个维度：一是周雄崇拜在空间上的拓展；二是周宣灵王信仰内涵上的传承流变。周雄信仰在江南广为传播，有其较为复杂的原因：国家封赐使周雄信仰传播合法化，灵异传说是周雄信仰传播的舆论导向，祭祀与巡会是周雄信仰传播的重要路径，官员、士绅、商人、民众是周雄信仰传播的主体。

三、孝子祭的流布与发展

　　周雄信仰，主要指由南宋孝子周雄引发而来，在历史发展中人们形成的对其畏惧、祈祷、还报等心态下，进行的祭祀和信仰活动，即对周雄神的一种信仰。周雄信仰始于南宋，兴于元，繁盛于明清，民国以后开始衰落。我们考察现存的有关周雄的庙宇及其仪式行为，可以体会到这是一个复杂的、互动的、长期的历史过程的结晶和缩影。

[壹]周雄信仰在空间上的拓展

1.周雄庙遍及浙、皖、赣、苏四省

　　根据上海复旦大学教授朱海滨《祭祀政策与民间信仰变迁》一书记载，至明清时期，周雄庙分布于浙江、安徽、江西、江苏四省十一府二十六县，有周王庙七十座。

明清时期周雄庙分布表[1]（括号内数字为庙合计数）

何省	何府	何县	数目	记载出处
浙江省（37）	杭州府	仁和	1	康熙《仁和县志》卷十四
		海宁	1	乾隆《海宁县志》卷二
		于潜	2	民国《杭州府志》卷十三
		新城	9	民国《新登县志》卷四
	严州府	建德	4	康熙《建德县志》卷二
		寿昌	1	康熙《新修寿昌县志》卷三
		遂安	1	康熙《遂安县志》卷十
		分水	2	光绪《分水县志》卷二
	金华府	金华	1	光绪《金华县志》卷十三
		兰溪	1	光绪《兰溪县志》卷三
		浦江	1	嘉靖《浦江志略》卷八
	温州府	永嘉	1	万历《温州府志》卷四
	绍兴府	嵊县	1	《越中杂识》卷上
	衢州府	西安	10	民国《衢县志》卷四
		常山	1	光绪《常山县志》卷十六

[1] 转引自朱海滨.祭祀政策与民间信仰变迁[M].上海：复旦大学出版社，2008：97，有改动。

续表

何省	何府	何县	数目	记载出处
安徽省 （24）	徽州府	歙县	1	道光《徽州府志》卷三
		休宁	3	道光《徽州府志》卷三
		婺源	3	乾隆《婺源县志》卷八
		祁门	8	同治《祁门县志》卷九
		黟县	6	道光《徽州府志》卷三
		绩溪	3	道光《徽州府志》卷三
江西省 （7）	饶州府	德兴	5	康熙《德兴县志》卷二
		安仁	1	雍正《江西通志》卷一百九十
	信州府	玉山	1	乾隆《玉山县志》卷三
江苏省 （2）	苏州府	吴县	1	乾隆《玉山县志》卷三
	江阴府	淮阴	1	《河下志》

　　民间谚语："周雄生在严州，死在衢州，显圣在徽州。""生在严州"的说法，并不是对周雄的出生地新登有异议，可能是渌渚历史上有些时段归属于桐庐，而桐庐当时则属于严州。"死在衢州"，是指周雄溺水身亡于衢江上。"显圣在徽州"，是指周宣灵王最早显灵是在徽州。周雄庙聚集地也就在这三个区域，以钱塘江流域为核心区，然后慢慢地扩布开去。近代以来，神灵信仰在主流话语体系中被遮蔽，各地周雄庙与其他神灵庙宇一样淡出人们视野。但是在周雄归位地衢州、出生地渌渚，周宣灵王庙自南宋至今依然保持独享

衢州周宣灵王庙已列入第七批全国文物保护单位（方仁英摄）

香火；在浙江海盐海神庙、安徽祁门凤凰山灵雄禅寺、建德新叶村玉泉寺、淳安威坪镇汪川村周宣灵王庙则与其他神灵合祀。

2.各地周雄庙与周雄崇拜

我们可以从以上现存的这些周雄庙，结合文献资料，想象明清时期周雄崇拜的盛况。

（1）衢州周雄庙及周雄神崇拜

浙江衢州是周雄信仰的重镇，周雄生前身后的许多故事都发生在这里。比如，周雄与南宗孔氏家族衍圣公孔文远的关系；周雄

落难于衢江；元代至元年间（1335—1340），衢州太守伯颜忽都烈上
奏朝廷，朝廷同意晋升周雄为周宣灵王，并定下在衢州春秋官方祭
祀。明嘉靖十七年（1538），衢州知府李遂重风化治理，崇正黜邪，
辨识真伪，认定周雄为南宋大孝子。此后，清乾隆十一年（1746），
衢州知府胡文溥撰写《重建周宣灵王庙牌坊记》，清光绪二十二年
（1896），衢州知府林启撰写《周宣灵王大庙碑记》，等等。衢州是周
雄信仰最狂热的地区，不仅周宣灵王庙宇众多，而且活动频繁。民国
《衢县志》记载：

> 邑中奉祀周王者约有十余处，以西门及后街为最古。西
> 门亦分内外两庙：内周王在灵顺坊，亦称大周王；外周王在朝
> 京埠，或云神之真身原在城外，咸丰兵燹，移舁入城后街周王
> 庙，俗称小周王庙。缘有前代神像仅只尺余，据庙中旧碑，亦
> 名孝子祠。明万历二十五年，里人因迭显灵应，大其祠宇，道光
> 十七年加以扩新，古像供于南市行宫庙……又，通仙门狮桥亦
> 有周王庙，城东樟潭、高家两镇亦均有周王庙，则嘉庆后舟人
> 贾客为之也。
>
> （民国《衢县志》卷四《建置志下·坛庙》，第376页）

这里记录了衢县奉祀周雄的神庙有十多处。衢州周宣灵王

衢州周宣灵王庙中周雄神像（陈华林摄）

庙，现在只存一座了，位于浙江衢州城西下营街十八号，古称周孝子祠，是第七批全国文物保护单位，始建于南宋嘉定年间（1208—1224），现建筑为明代重建，清代重修，坐东朝西，有门厅、正殿和后殿，为三进两明堂建筑结构。原建筑面积为1850平方米，现仅存853平方米。其通面宽19.1米，通进深43.7米，硬山顶。门厅后原有戏台，现存藻井装饰，其额枋上雕人物故事及凤鸟。山墙嵌碑八通。正殿五开间，通面宽18.1米，通进深11.2米。檐柱用方形石柱，柱础菱形。梁柱粗大，木雕精美，工艺讲

究。其中一根跨度12.7米、直径70厘米的台柱横梁在古建筑中是罕见的。衢州周宣灵王庙的建筑是观赏和研究我国江南地区古建筑的典型实物资料。正殿中央台基上，站立着身穿皇袍的周宣灵王立像，右手竖起大拇指，身后左右立着一对金童玉女雕像，欢天喜地的样子。衢州周宣灵王庙自南宋到今，近八百载，几经重建、修葺，依然保持宏大规模，由此可以看出，周雄作为衢州的地方保护神影响之深，同时也反映了衢州人民对周雄"至孝达天"的那份尊崇。

安徽省祁门县凤凰山灵雄禅寺（徐建华摄）

（2）徽州周雄庙及周雄神崇拜

安徽徽州府是周雄最早显灵的地方，明清时期徽州地区有周雄庙达二十一座。其中祁门县有八座，黟县六座，仅次于归位地西安县（今衢州市柯城区、衢江区，十座）、出生地新登县（九座）。从文献上看，在徽州，周宣灵王是以药王神形象出现的。清代徽州启蒙读物抄本中，有"汪王土主，周王医仙"的说法，指的便是隋末的汪华是徽州最重要的地方神，而周王，即周宣灵王的简称，则是以医仙的面貌出现的。人们认为周宣灵王可以给人治病消灾，称之为药王，所以在徽州，周宣灵王庙又称为"药王庙"。

明清时期，徽商与周宣灵王信仰的传播有着密切的关系。徽商兴于明中叶以后，历时四百多年，清末民国初渐趋衰落。徽商在各大都会都建立徽州会馆（也叫新安会馆），其中一些会馆里，往往中堂供奉朱熹，左边供奉周宣灵王，右边供奉财神。朱熹祖先出自徽州婺源，是新安理学的鼻祖。徽商以儒商自许，徽州会馆供奉徽州文公朱熹有助于塑造徽商形象，合情合理；供奉财神彰显徽州会馆是商人会馆的特征；供奉周宣灵王则说明徽州商人把周宣灵王视为家乡的地方神，会护佑徽商。早在晚明，冯梦龙《智囊补·明智部·剖疑卷七》中提及徽州商人在吴县修建周宣灵王庙的事件：

吾郡杨山太尉庙，在东城，极灵。专主人间疮疖事，香火不绝，而六月廿四日太尉生辰尤盛。万历辛丑、壬寅间，阊门思灵寺有老僧，梦一神人，自称周宣灵王，"今寓齐门徽商某处，乞募建一殿相安，当佑汝。"既觉，意为妄，置之。三日后，梦神大怒，杖其一足，明日足痛不能步，乃遣其徒往齐门访之，神像在焉。

此像在徽郡某寺，最著灵验。有女子夜与人私而孕，度必败，诈言半夜有神人来偶，其神衣冠甚伟，父信然，因嘱曰："神再至，必绳系其足为信。"女以告所欢，而以草绳系周宣灵王木偶足下，父物色得之，大怒，乃投像于秽渎之中。商见之，沐以净水，挟之吴中，未卜所厝，是夜梦神来别。

既征僧梦，乃集同侣舍材构宇于思灵寺，寺僧足寻愈。于是杨山太尉香火尽迁于周殿，远近奔走如鹜。

（明代冯梦龙《智囊补·明智部·剖疑卷七》，清三槐堂刻本）

据此可知，徽商曾将徽州本土的周宣灵王神像携往苏州阊门外，并藉神庥托梦之机，鸠工庀材，在思灵寺兴建周宣灵王殿。建成之后的周殿香火居然胜过"专主人间疮疖事"的杨山太尉庙。这可能与周宣灵王在徽州以药王神的面貌出现有关，也与徽

安徽省祁门县凤凰山灵雄禅寺周雄神像（徐建华摄）

商的财力有关。

现存徽州的周宣灵王庙已经很少了，安徽省祁门县凤凰山灵雄禅寺还供奉周宣灵王神像。1974年，凤凰山的古建筑魁星阁、周宣灵王庙和凤凰楼均被拆毁。2000年在原址上建起四间平房，名"灵雄禅寺"。灵雄禅寺东向第一间供奉地藏王菩萨，第二间正殿供西方三圣（观世音菩萨、阿弥陀佛、大势至菩萨），第三间是药王殿，第四间是祖师殿。周宣灵王神像安放在药王殿，樟木雕制的周雄神像左手平持药葫芦，右手拿着药丸，是一位医仙的形象。灵雄禅寺建成后，钟鼓之声又重新回荡在凤凰山中。禅寺以"灵雄"命名，可见周宣灵王在祁门百姓心中的地位。

（3）其他各地的周雄庙

出生地渌渚周宣灵王殿，已在第一章讲述。此外，现存供奉周雄神灵的还有下列寺庙：

浙江省建德市新叶村的玉泉寺，亦称五圣庙。据《玉泉寺碑记》载，"玉泉寺创建于南渡之后，庙貌聿著巍峨，神灵素称赫濯，兼以古柏参天，苍松龙盘。"如今庙内供奉着五圣：大殿正中为协天大帝关公，左右为白山大帝、周宣灵王，另外二圣是送子观音和吕洞宾。

浙江淳安县临岐汪川村周宣灵王庙，始建于明代，屡毁屡建。门首匾额为"周宣灵王"。庙三开间，中间供奉周宣灵王像，称其为

浙江省建德市新叶村玉泉寺供奉神像，右一为周雄神像（徐建华摄）

"一坛之主"，保佑全村安康。殿内有"护国安民""大而化""诚则灵"等字样的匾额。神像两侧有一副对联，上书："逆流见母，当年还住临歧，群呼孝子；护国佑民，灵王功昭日月，歌颂仁人。"周宣灵王像两侧立有穆令公、蔡令公两位守门神，红脸赤须，令人敬畏。

杭州吴山伍公庙建于汉代，是杭州有记载的最早禅寺之一。伍子胥自宋时起被视作潮神。吴山伍公庙屡毁屡建，最后一次是清咸丰年间毁于兵火。原庙正殿供奉伍子胥神位，后殿供伍父伍母，延真殿奉伍公神像，两庑为潮神殿，奉潮神十八尊等。周雄是其中的一位潮神。2001年重修伍公庙时，殿中央用"素车白马立于潮头之上"

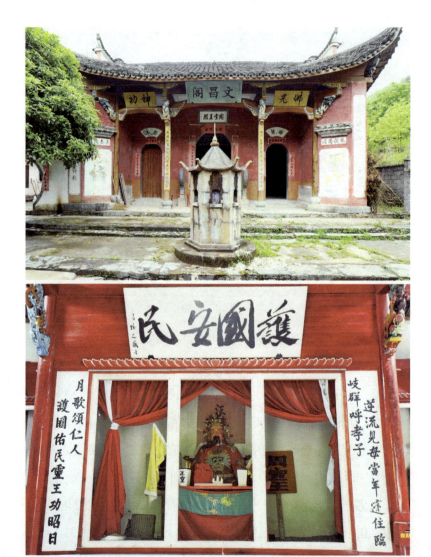

浙江淳安县临岐汪川村周宣灵王庙（徐建华摄）

杭州市吴山伍子胥庙十八位潮神局部图（陈华林摄）

这一素材，制作大型潮神铜雕，后背景为石雕《海潮图》，上列《素车白马图》，东西两侧各绘九尊神像，即历史上所奉十八尊潮神像。绘制的周雄神像是一个年轻的书生模样。

　　浙江盐官海神庙，位于海宁市盐官镇春熙路东端，始建于清雍正八年（1730）三月，浙江总督李卫奉敕建造，次年十一月竣工。初建时，占地四十余亩，耗银十万两，是依照北京太和殿形制建成的，故有"银銮殿"之称。2001年5月，与盐官海塘合并公布为国家级重点文物保护单位。现存海神庙经屡次扩建，占地面积六千平方米，建筑包括大门、仪门、正殿、东西配殿、御碑亭及大门前的石坊、石

浙江省盐官海神庙周雄神像（陈华林摄）

狮、旗杆石、石筑广场和庆成桥等。甬道两侧,分设东西两配殿。东殿内供有治水功臣文种、霍光、周凯、石瑰、胡进、周雄、曹春、朱彝等十八位海神。周雄作为其中的一位潮神得到供奉。

浙江省杭州市富阳区永昌镇青何村周孝子祠,曾是新城县九大周雄庙之一。据清嘉庆八年(1803)《何阜殿碑记》记载,"兹有何阜古庙,供奉周宣灵王,去县治一十五里,崇山峻岭环峙其间,茂林修竹荫护其上。上通徽衢,下达省会,往来行人络绎不绝。虽为旅人憩息,实为巨族之香火也。""文化大革命"期间被毁,2014年,永昌镇青何村修复周孝子祠。周孝子祠内的周雄神像峨冠博带,手持如意,端坐于高台之上。

[贰]周雄信仰在内容上的传承流变

翻阅文献资料,可以发现旧时对于周雄神最普遍的称呼是"周宣灵王""周孝子"。一般认为,祭祀周雄神始于他的丧身地浙西衢州。不久,在新城县太平庄渌渚,他的家乡父老也"以宅为祠"开始祭奉,奉若神明。在漫长历史发展过程中,周雄神在江南拥有了相当数量的信众,他从一个孝子,演变为地方保护神、徽州药王神、钱塘江水神、苏州玉器业行业神。

1.地方保护神

南宋嘉熙四年(1240)临安府新城县知县汪绩所撰的《翊应将军庙记》记载:

新安祁门水旱疬疫，祷则随应。三衢常山强寇披猖，独不犯境。新山之祠有井曰安乐泉，民病求饮，活者万计。至如跃雾中之青蟾而失绿帻之戎士，腾指间之白气而符先兆于老樵。士之穷达，人之险难，精神叩之，如响斯答。杨君茂子之魁兰宫也，言神之梦也。团练张公胜之使西域也，谓神之庇也。茅山反卒，剿以阴兵。江东部使者奏其功于朝，被旨特封今号。

南宋末及元初曾任严州知事、建德路总管的方回于元至元二十年（1283）撰写的《辅德庙记》中记载：

端平二年乙未，饶州言：侯于德兴、祁门，阴捍常山草寇，旗甲金鼓，恍惚云际。乃后，所在疫而祷，虎害而祷，旱而祷，火灾而祷，辄应。始封翊应将军。

周雄神除了使徽州、衢州、饶州等地免受水灾、旱灾、兵灾、虎害、瘟疫之外，还能为当地读书人预知功名，佑护当地人出使外地。以上这些灵异事迹，其地理背景都被设定为江南东路的徽州及其周边地区，如德兴、祁门、常山等地，周雄神成为这一地区重要的保护神之一。此后，周雄神在严州、新城、衢州等地的灵异事迹也不断显现，在士人的碑记及民间传说中比比皆是，周雄神俨然成为这一地区重要的乡土保护神。

2.徽州药王神

在传统社会，医药类的神灵，在江南地区广泛存在，这和广大乡村，特别是普通老百姓缺医少药这一普遍现象有关。江南地区虽然有着优越的自然地理环境和良好的社会经济基础，但因为湿热、气候多变，还是一个疫病高发的地区。最早在徽州有关周雄神治瘟疫的灵异传说发生在祁县。汪绩《翊应将军庙记》记载：

> 新安祁门水旱疠疫，祷则随应。……新山之祠有井曰安乐泉，民病求饮，活者万计。

清乾隆四十三年（1778），朱孝纯为淮南周宣灵王庙撰写的碑文中写道：

> （宋）理宗谢太后病，无能愈者。有士人至，药之，而（谢后）起问姓名，曰：周某也。已而不见，惊，以其名访知者，曰：是盖神为之也。……至元末，化道人，救疠疫于休宁，故徽州祀之。

在朱孝纯这篇碑记中，周雄神不仅治愈了宋理宗谢太后的疾病，还在至元末年，化作道人在休宁救治疫病。所以徽州地区将周雄神祀奉为药王神，可以拯救百姓于疾苦。这一信仰绵延至今。

3.钱塘江水神

明中期以后，江南社会资本主义开始萌芽，各类商贸活动日趋频繁，钱塘江成为徽商、浙商、闽商奔赴苏州、北京等地的交通要道。周雄成为水神可能与当时钱塘江流域航运业、捕捞业的日益繁盛有关，人们亟需一位可亲可敬的本土神来庇护他们水上生产生活的安全。周雄死于衢江，不管是僵立船中，还是溺水身亡，都有可能令他成为钱塘江水神。关于他保佑钱塘江航运的灵异传说在明中晚期开始在民间传颂。明代王圻(1530—1615)所编《稗史汇编》卷一百三十二有如下记录：

> 尝作一长年操舟载杭商入闽，他舟发，其舟故不行，商尤之。乃曰：汝欲即到乎，闭目勿动。一夕开目，已到清湖，去杭七百里矣。

周宣灵王化作船夫，一夜之间在钱塘江上逆行七百里，说明周雄的灵异与钱塘江航运联系在一起了。嘉庆《西安县志》记载："相传神司瀫江水道，屡著灵迹，其商贾舟人奉祀尤谨。"瀫江，即钱塘江，旧时钱塘江上往来的商人、水上三民（撑船的船民、撑排的排民、捕鱼的渔民）特别信奉周宣灵王，船上都挂着周宣灵王神像。在渌渚周王庙的十八个会社组织中，其中有一个组织是船民、渔民、排民组成的船帮。至今建德一带船民、渔民还保留着祭拜周宣灵王的习俗。

杭州市吴山伍子胥庙绘制的周雄潮神像（陈华林摄）

钱塘江潮水到了渌渚江边周雄庙就抵庙而回，据此民间还有一种说法，认为钱江涌潮是为伍子胥的怨怒所激，又因为周雄的孝道才得以平息。伍子胥是弄潮神，而周雄是镇潮神。雍正三年（1725），周雄神以江海安澜使的身份从祀于海潮神祠，成为十八位潮神之一。

4.苏州玉器业行业神

苏州玉器行业信奉的祖师爷是周宣灵王，其庙在阊门邻近天库

苏州周王庙弄周王庙应急井（徐建华摄）

前的周王庙弄里。旧时周王庙大堂上有这样一副对联："琢玉巧夺天之巧，成器神助地脉灵。"苏州玉雕技艺在明代已闻名全国，明宋应星在《天工开物》中说："良玉虽集京师，工巧则推苏郡"。周宣灵王何时成为苏州玉器业的祖师爷已无从考证。制玉业有自己的祖师庙一说在全国也仅此一家。周王庙不仅是一所"庙"，也是老一辈玉器业内人的活动场所和交流生意的地方。苏州周王庙至清庚申年遭兵燹而毁，同治时重修，庙会再次兴盛。

[叁]周雄信仰在江南广为传播的原因

英国社会人类学家拉德克利夫-布朗指出："任何文化都是一

个整合的统一体,在这个统一体中,每个元素都有与整体相联系的确定功能。"也就是说,考察民间信仰要与当时的政治、经济、文化等进行系统思考。明清时期是我国历史上相对独立的一个阶段,中央集权空前加强,商品经济快速发展;在意识形态上,理学在明清大部分时间内都占据主导地位。道教、佛教有衰微的趋势,它们与民间信仰的交融特别明显。除了这些宏观因素外,周雄信仰快速传播,还有一些个性化的因素。

1.国家封赐使周雄信仰传播合法化

周雄信仰之所以能够超出一时一地的局限,如此普遍、长久地

明成化《杭州府志》卷三十三记载辅德庙(徐建华摄)

被民众信仰，与社会上层尤其是统治集团的有意推动密切相关。其具体表现为有意地强化了周雄的神化过程。

《杭州府志》卷三十三记载："辅德庙在县南一十五里，地名渌渚，神姓周，讳雄，字仲伟。宋端平二年，江东漕及饶州守臣申奏神之阴功，封翊应将军；淳祐四年，改封翊应侯；宝祐二年，赐庙额辅德；咸淳间，累封至翊应助顺正烈广灵侯。"南宋王朝偏安江南一角，内忧外患，对神灵的崇拜到了无以复加的地步。周雄死后二十四年得到第一个将军封号，在南宋近四十年历史中从将军成为侯，从二字侯增加至八字侯。这种对被神化的文化英雄加封不同等级的头衔（与祭祀的待遇有关）、不同的封号（赋予特定的内涵）的做法，体现了官方与民间社会在周雄信仰中的相互合作。官方通过赐额赐号来实现对民间诸神的有效控驭，通过地方士绅的主持参与到民众之中，与此同时，地方势力为了稳固自己的势力，也试图为自己倡导的神祇寻求国家封赐。

根据地方资料及周宣灵王庙中的记载，周雄的历代封号及致祭如下：

宋端平二年（1235）封翊应将军；

嘉熙元年（1237）加封威助忠烈大将军；

淳祐四年（1244）加封翊应侯；

宝祐二年(1254)赐敕辅德庙额;

宝祐五年(1257)赐谥助顺侯;

咸淳七年(1271)加谥正烈侯;

咸淳十年(1274)加封广灵侯;

元大德二年(1298)加封广平侯;

元惠宗至元年间(1335—1340),衢州路太守伯颜忽都屡感神庥,奏闻,晋封护国广平正烈周宣灵王,衢州春秋官方致祭;

明承袭元制,加封王爵,谥号宣灵;

清雍正三年(1725)以江海安澜使,从祀海神庙;

道光三年(1823)加封显佑,新城县春秋官方致祭,定每岁三月初三、九月初十。

在中国历史上,国家通过区分国家的正祀、民间的杂祀和淫祀,为神灵信仰划分疆界。政府为了加强对民间信仰的控制,将毁淫祠作为一个非常重要的手段。另一方面,"神道设教""阴阳表里以为守"又始终是中国传统文化的特色,因此国家往往利用民间信仰,以服务于自身统治。孝是中国传统伦理道德观的核心。周雄事迹中孝这一要素无疑为神灵与政府的结合提供了一个最佳的契合点。传统观念认为,"至孝达天""孝感动天""纯孝格天""孝通神

明"，孝本身具有通灵的作用。事实上，周雄的孝迹与神性是混合在一起的，从某种意义上说，作为道德典范的周孝子又是依附于作为神的周孝子而存在的，即使正统思想的传播也离不开周雄的神性。周雄神经过宋、元、明、清四朝六皇帝十余次册封，周雄神灵形象的构建得以完成。如果没有朝廷的干预与鼓励，周雄信仰不可能由渌渚江边一个影响不大的地方神上升为江南地区的著名神灵。

2.官员、士绅、商人、民众是周雄信仰传播的主体

官员在周雄信仰的发展过程中起着引领作用。首先是孔文远，在衢州建坊作祠。周雄好友孔文远世袭衍圣公，感其诚孝，建灵顺坊，将塾舍作祠，祀奉他。其次是地方长官为周雄神申奏阴功获得封号。最早的"翊应将军"封号，是宋端平二年（1235）江东漕及饶州守臣申奏神之阴功而获得的。此后每次赐额、赐号都是各地地方官员申奏而成。周雄神能够进入祀典也是地方长官努力的结果。其三是转任各地的官员受邀为周雄庙撰写碑文、书写庙额，愿意把自己一长串官衔、爵位连同姓名镌刻在庙碑上。以渌渚周雄庙为例，最早的庙记是嘉熙四年（1240）秋，时任新城县令汪绩撰写的《翊应将军庙记》，此后，元朝建德路总管兼府尹方回撰《辅德庙记》，清道光二年（1822）新城知县吴墉撰写《周孝子祠碑记》等。这充分说明，他们对周雄信仰及其所显现的民间社会力量的兴趣和重视，同时也表明他们对周雄信仰及其活动的关注。官员的积极参与，在政治上提高了周雄神的地位。

地方士绅是维系、推动周雄信仰的中坚力量。地方士绅是民间权威，一方面官府通过地方士绅的主持来规范周雄信仰，实施对周雄信仰及其活动的驾驭；另一方面，地方士绅可以代表家乡父老，对官府提出要求，维护地方利益。从衢州现存碑记材料中我们大致可以看到，每次兴建周宣灵王庙，士绅都起着主导作用。清乾隆十三年（1748）撰写的《重修周宣灵王庙碑记》载：

> 三衢宣灵王庙，自宋历元、明，迄今约八百余载。……壬戌有同志十人商诸邑之绅士，咸欣欣乐从。遂鸠工庀材，经营区划。……第自壬戌至戊辰，计时凡七年，计工凡六千，计币凡千金有零，而始告竣。……

传统社会庙宇基本上是木结构建筑，五年一小修，十年一大修，几十年要重修。庙宇是神灵栖止地，是周雄信仰的重要载体，修建庙宇被看作是行善积功的事情。"壬戌有同志十人商诸邑之绅士，咸欣欣乐从"，这一文字表明：修建庙宇的董事会在修葺前还要与当地的士绅商议，取得一致意见后，才会去实施重修。

清光绪二十二年（1896）林启撰写的《周宣灵王大庙碑记》记录了碑记撰写人、立碑人：

　　赐进士出身翰林院编修国史馆协修前陕西学政掌贵州道监察御史调署杭州府正任衢州府知府侯官林启敬撰。

　　赐进士出身浙江即用知县署理西安县知县黄大华，补用同知直隶浙江候补知县徐宝荣，衢郡绅士程大廉、徐瀛、杨元恺、廖鸿泰、吴宪章、陈从礼、社下司事公同敬立。

　　撰写人是时任衢州知府林启，前面一大串职务是他的履历，这

渌川主庙中遗存船帮敬献的蜈蚣旗（吴昱摄）　　蜈蚣旗局部绣着"船业敬献"字样（吴昱摄）

是习惯写法。立碑人中写有两位知县姓名、六位衢郡士绅姓名，还有社下司事公没有写具体姓名。这说明士绅的社会地位在周雄信仰中起到了重要作用。

商人尤其是徽商，在经济上给予周雄信仰以极大的支持。各地周雄庙修建离不开商人的支持。在商人这一群体中，徽州商人与周雄信仰的扩布息息相关。宋元以后，特别是明清时期的徽州，既是一个"以贾代耕""寄命于商"的商贾活跃之地，又是"十户之村，不废诵读"的文风昌盛之乡。如上文所述，徽州人把周雄神视为药神，是当地最重要的地方神灵，各地徽州会馆往往供奉文正公朱熹、财神关帝、周宣灵王三尊神像。随着徽商在各地区交往活动的日益频繁，互相联系不断加强，文化观念开始相互影响，神灵周雄在具备雄厚经济实力的徽商推动下，在江南得到广泛的信众。我们从碑记文献中可以了解到：清乾隆年间（1736—1795），衢州最以灵异著称的庙宇中，庙头门内的两座石狮是徽州人从皖南运至庙中的，并创立了狮子会（清汪伟《敕封周宣灵王庙石狮石鼓记》）；清代建立淮安河下莲花街周宣灵王庙为徽州旅淮富商筹资兴建，也称"新安会馆"。

民众是周雄信仰传播的主力军。先由民众自发产生对某一神灵的信仰，然后官员申奏神灵之阴功，神灵得到朝廷赐号，于是在官员、士绅、商人、民众的共同努力下，推动该神灵信仰广泛传播。明嘉靖十七年（1538），衢县太守李遂准备将周王庙作为淫祠捣毁，引起

蜈蚣旗局部绣着"周孝子祠"字样（吴昱摄）

民众激烈反抗。民众认为，周雄信仰在衢县信众很多，向周宣灵王祈祷很灵验，况且周雄生前是位南宋大孝子，不应该把周雄庙看作淫祠。如果太守将它毁了，不仅民众不会答应，周宣灵王也不会放过太守。毁还是不毁？李遂拿捏不定，他翻阅郡志、查看逸典，终于搞清楚周雄的孝子身份，他明确表态：不再捣毁周雄庙了，毁周雄庙的人不孝于天下。不仅如此，他还划拨田产作为香烛费，四季供奉。他希望衢州民众能够以孝子为榜样，世世代代传承孝道。此举为周雄信仰的顺利传播奠定了基础。

周雄信仰中还有一个现象不容忽视，那就是钱塘江流域船民、渔民、排民对周雄神灵的崇拜。水上三民把周雄看作是钱塘江水神（潮神），时刻护佑着他们水上生产生活的安全。他们筹资建庙，参与组织周王庙会。每次出船都到周宣灵王庙焚香点烛祭拜周雄。民国《衢县志》卷十八记载：

> 樟树潭地方为衢之东乡，离城一十五里，南接苍括，西南通闽各省，东递武林、姑苏，北达京师，为往来孔道。而定安溪、周公源两水合流，历来仕商舟次，以及货物往来，无弗护佑年宁，因此建庙祭祀，亦所以重民事，酬神惠焉。庙议自乾隆五十三年（1788）二月，晋严州建邑众船友等公议抽拨厘金，岁久积少成多得以集，事于乾隆五十九年（1794），购得四十五庄周王殿户内民地藏字十六区二百九十八号，计税一亩七分九厘二毫，去价钱七百余千，为立庙宇之基址，于嘉庆十四年（1809）□月□日落成，凡阅二十二载，而□事焉。

樟树潭地属衢州，是两溪合流的水上交通要道，多年来官船、商船、货船往来无不顺顺利利。为报答周宣灵王的护佑，严州府建德县船帮商议之后，筹集资金，购买土地，建造庙宇，历时二十二年。

庙祝、散居道士在信仰传播变迁过程中的作用非常明显。从本质上来说，民间信仰抚慰民众的心灵，满足了民众的某种心理需求，一个神灵越能满足人们的心理需求，自然也就越能得到人们的崇奉。在明清时期的江南地区，民间活跃着一大批庙祝、散居道士一类的人物，在很多情况下，他们不仅创造了神灵，而且通过各类仪式的反复操演，不断强化着人们对神灵的心理认同。

任何一种民间信仰的传播离不开统治阶层的支持，也离不开普通民众的传播。官方通过赐额、封号等方式将周雄信仰纳入官方系统，提供了政治与道德的合法性。而官员、士绅、商人、民众则通过建庙、组织庙会以及口耳相传、故事说教等方式推动和促进了周雄信仰的传播和扩散。

3.灵异传说是周雄信仰传播的舆论导向

灵异传说，也称"灵验故事"。诚如韩森指出，"人们是否愿拜神取决于这位神祇的灵验程度"。[1]八百年来，随着周雄信仰在江南的广泛传播，周雄灵异传说也日渐成为周雄信仰的一部分在民间广泛流传，为周雄信仰传播起着舆论导向作用，引导、启发更多民众崇信周雄神。笔者通过对历史文献的梳理，认为周雄信仰中的灵异传说大致可以概括为以下五大类。

（1）周雄之死类灵异传说

明代王圻（1530—1615）所编《稗史汇编》卷一百三十二有如下记录：

---

[1] 韩森著.包伟民译.变迁之神：南宋时期的民间信仰 [M].杭州：浙江人民出版社，1999.

衢州周宣灵王者，故市里细民，死而尸浮于水亭滩，流去复来，土人异之。祝曰：果神也，香三日臭三日，吾则奉事汝。已而满城皆闻异香，自尸出三日，臭亦如之。乃泥其尸为像，其母闻而往拜，回其头，至今其头不正，显异百出。

明中晚期，周雄溺水而亡的灵异现象，表现为其尸体出现了"流去复来""香三日，臭三日"的怪异现象，因而"祝"（巫师之类）用其尸体塑像，使之成为民间神灵。这个灵异传说是周雄神成为钱塘江水神不断传播的重要因素。到了清代，周雄之死的传说又有了新发展。清顺治五年（1648）钱广居任严州知府为严州周宣灵王庙撰写的碑记中写道：

适三衢不雨，山涧断流，往土祇庙卜，不得雨，拂衣而出，忽回视，见泥神随后，以手相招，神心动，知数止此矣。欲急回见母，乃舍舟而徙，至鸬鹚滩，失足堕水，顷刻巨浪层翻，猛若蛟龙起伏，神即蜕化，溯波而上，至衢城水亭门外，浮沉不定，有识者曰："此临安周郎也。少有异征，果能上感天心，下垂照应，当分别香臭三日。"语毕，馨闻数十里，越三日而香者臭矣。

清乾隆四十三年（1778）朱孝纯《宣灵王祠碑记》写道：

> 又贩木衢州，王诣庙欲卜，见泥像以手名之。王曰："吾其
> 将死乎？"乃亟归，欲见母弟而决。舟行至鹭鸶滩，堕水死，尸
> 逆水至衢州城外而止。人曰：此孝子周郎也。出其尸于水，其
> 尸则香，以为神，庙而祀之。

在钱广居碑记、朱孝纯碑记中，周雄已被演化为仙，可以预见自己的劫数。在庙中见到泥神招手，知道自己将死，急欲回家见母，不幸堕水身亡，尸体香三日、臭三日。周雄之死的灵异故事得到了较大的充实，呈现出新气象。在钱广居碑记中说周雄落水之后，"顷刻巨浪层翻，猛若蛟龙起伏，神即蜕化，溯波而上"，更加神化了周雄。这些灵异故事与明清时期周雄神成为钱塘江十八潮神之一有关。

（2）化身青蟾类灵异传说

周雄死后化身为青蟾显灵，人称青蟾或青蛙将军。这一灵异传说最早记录在南宋汪绩的《翊应将军庙记》中：

> 至如跃雾中之青蟾而失绿帻之戎士，腾指间之白气而符先
> 兆于老樵。

这里明确地记录周雄神化身青蟾在雾中捍寇。明万历十七年（1589）进士钱养廉撰写《周宣灵王像赞并序》记载：

碑载幻蛙事尤奇，每岁三月四日，传王降生之辰，蛙于时倏来去，光彩时异，余所亲睹。

作者说他目睹了周宣灵王降生的那个时辰，青蛙倏忽来去，伴着奇异的光彩。清康熙年间（1662—1722）陆次云的《湖壖杂记》比较详细地描述了各地周宣灵王庙中周雄神化身青蛙的灵异传说：

周宣灵王，睦人（杭之新城渌渚人）也。以孝子而登神者，杭州有庙数处。有青蛙出其庙中，人尊之曰青蛙将军。每春月，从睦陵附木筏至杭，驾筏者载之，不敢惊。蛙入岸宅庙中，或入民室。民居以盘，饰以彩，祀以香果，导以鼓吹，送返庙则得福，否则殃，亦异矣。而所闻金溪之蛙，更甚异。其蛙入民室，民之奉之者与杭同。有健儿不之信也，以匕首剖蛙成两，更投之于沸镬。盈镬之中蛙无数，遂出之，复成一蛙，遁迹去，仍见之于庙内，宴如也。有衲子为之说戒，蛙亦听而点首。青蛙与常蛙不甚异，而貌加端，色如碧，足非爪也如灵芝，声不可得而闻也。不饮、不食、不饥渴。洪昇曰："蛙神若此，尊之者殆非无故。今蛙移于金华将军庙中。神通游戏，殊不可测。"

这段文字里提供了四方面的信息：一是浙江杭州市民对周宣灵

王庙里的青蛙的态度；二是江西金溪周宣灵王庙青蛙的神奇幻术；三是周雄神化身青蛙的形象和习性描述；四是洪昇（1645—1704）将这类神蛙引入金华将军庙。从这则材料我们可以了解到，从南宋到清代，民间始终认为周雄神化身为青蛙，尊他为青蛙将军。道光《新登县志》记载："辅德侯周雄生时酷爱蟾，所持一扇绘蟾于上，及殁为神以青蟾雾中捍寇，至今庙中供案上恒有蟾示现（旧志）。"周雄化身为青蛙将军与他生前酷爱青蛙有关。

周宣灵王在苏州是玉器业的行业神。明清时期，苏州周王庙有一镇庙之宝——碧玉蟾，现在珍藏在苏州博物馆。整块碧玉，纯色碧绿，长约六十厘米，雕成一只三足蟾，又称"青蛙大将军"，业内

现珍藏于苏州博物馆的碧玉蟾（徐建华摄）

俗称"三脚赖疙疤",可谓良玉巧工集一身,价值连城。可见,凡是有周王庙的地方青蛙(蟾)都被视为周雄神的化身。

（3）保家卫国类灵异传说

自南宋以来八百年中,周雄神保家卫国的灵异传说遍及浙、赣、皖、苏四省。

南宋时期,周雄神的灵异活动主要集中在"保乡卫土"上,是个典型的乡土保护神。这方面最早的灵异传说记录在汪绩《翊应将军庙记》中:

> 新安祁门水旱疠疫,祷则随应。三衢常山强寇披猖,独不
>
> 犯境。……茅山反卒,剿以阴兵。

徽州、三衢、茅山等地的人们免受洪涝、干旱、兵灾等危害,达成了对周雄神的信奉,其信仰首先在安徽、浙江、江苏等地得到传播。明清时期,浙江省西南部地区,每当有什么重大灾害发生时,当地都会出现周雄神显灵保护的传说。

周雄神是严州地区最为重要的地方保护神。清顺治五年(1648)任严州知府的钱广居在《周宣灵王庙碑记》提到周雄神从元至今,三百余年,御灾恤难,不可枚举。碑记还特意记录了周雄神保全严州的两则灵异传说:

自当国初鼎革时，兵马纷集，严民惶惶，诣神求卜，以决行止，赐签筶，谕以"静安动危"之指，其信而守于家者，得保故业，疑而徙者，半受剽掠。乙酉三月，残兵拆城毁，月光之下见神，红衣金幞，在城南往来指顾，迨五月二十八，忽传大兵渡江，兵马奔溃，地方保以无患。

第一则事件发生在明末清初，当时严州城内两军对峙，百姓惶恐，到周王庙求神抽签来决定走还是留。签诗明确预示"静安动危"，结果很灵验，在家守着的保全原有的资产，迁徙去外地的多半遭遇抢掠。第二则事件发生在1645年三月，明朝残兵败将折回严州城准备烧毁房屋，结果月光之下看见周雄神扎着黄头巾、穿着红袍在严州城南巡视，于是他们就断了念头。到了五月二十八，清朝大军渡江，明军一败涂地，而严州地方却得到了保全。这些灵异事迹，说明此时的周雄神是衢州地区最为重要的地方保护神。太平天国之乱，衢州遭受了重创。作为衢州境内最普及的神灵之一，周雄神显灵护佑衢州城的说法也广为流传。光绪二十二年（1896）林启在《周宣灵王大庙碑记》中记录这一事件：

咸丰八年发逆围衢时，孤军难守濒陷者再，忽贼中哗言，夜见火光接天，绕郭旗帜书作"周"字，惊而宵遁，城以获完。

咸丰八年(1858)三月初二始，太平军石达开部队围攻衢城三个月之久，衢州城濒临沦陷。周雄神显灵，夜晚火光接天，环城旗帜飘扬，上书"周"字，敌军大乱，连夜逃遁，衢州城得以保全。

周雄神是新城重要的地方保护神。凡新城县人民遭受旱灾、洪灾、疫病之时，周雄神必定会显灵保护他们。清道光二年（1822）新城县令吴墉在《周孝子祠碑记》中写道：

> 嘉庆十六年，旱，民祈于神，果大雨，岁以有秋。嘉庆二十五年秋，大水平地，深数尺，神为默佑，水骤涸，民以无恙。道光元年，又大疫，有见梦于神者，神授以方，方竟奇验，疫不危害。凡此，皆二十年来，神惠之，著于新邑者。

这篇碑文中记录嘉庆十六年（1811）、嘉庆二十五年（1820）、道光元年（1821）新登县三次大灾难，都得到了周宣灵王庇佑，百姓安然无恙。此后，当地官府把这些事迹上奏朝廷，中央王朝下文敕封周雄神"显佑"二字，并正式把周雄神列入新城县祀典，定期由当地官员负责祭祀。

（4）护佑水运类灵异传说

根据历史文献记载和民间口口相传,周雄溺水而亡,死于衢江。在陆路交通不发达的时代,经钱塘江水路可抵浙、皖、赣、闽,达沪、苏等地。衢江处于钱塘江上游,至杭州水道六百里,浪急涛奔,风潮险恶。受制于历史条件下认识能力的局限和具体的文化背景,人们把周雄和钱塘江的波涛联系到一起,并认为周雄神具有驾驭风暴、波澜的能力。至今钱塘江流域还有这样的故事为水上三民所津津乐道:

相传周宣灵王化为一名旅客,搭乘一条衢州船从杭州溯水而上。桐庐的芦茨菩萨和他"斗法",刮起西风阻止衢州船前进。旅客们个个胆战心惊,周宣灵王说:"不要紧,我有八条顺风梁。"他撑起风篷,改道从蒋家埠的溪流进去,再从胥口出来。芦茨菩萨一看失败了,就索性助他三阵"阵头风"。天尚未亮,船就到了衢州。旅客们个个目瞪口呆,同声道:"杭州一夜到衢州,只有周宣灵王下凡!"此话一讲,正在下风篷的周宣灵王就从船篷上掉了下来,落入衢江就不见了。

这个灵异传说情节颇为生动。芦茨菩萨和周雄神"斗法",周雄神借助灵力,从杭州一夜到衢州。旧时钱塘江水上三民认为周宣灵王法力无边,专司风雨,每条船上都挂着周宣灵王画像,遇到风浪,就向周宣灵王像拜拜,祈求平安。

民间还认为,伍子胥死后泄愤化身为波涛,面对这样的弄潮神,船民怀着敬畏之心。周雄死后孝感动天,潮水到渌渚周雄庙就抵庙而回,面对这样的镇潮神,船民怀着敬仰之情。到了康熙年间(1662—1722),徐士晋《周孝子碑记》则明确提及周雄神具有保佑钱塘江航运的灵力:"越海之有潮汐也,感太阴之盈虚而应之也。而世以为子胥氏之怒气所激,盖亦伤忠愤之不得舒,而甚其词耳。……自新安达江浙,波涛之厉少杀者,皆公之力也。呜呼!江海亦诚不可测矣。激以伍之忠,而潮为之怒;格以周之孝,而澜为之安。"

(5)治愈疾病类灵异传说

在徽州,民间认为周宣灵王可以给人治病消灾,称之药王,所以周宣灵王庙称之为"药王庙"。关于周雄神治病的灵异传说,最典型的是为理宗谢太后治病。

清顺治五年(1648),时任严州知府的钱广居为严州周宣灵王庙撰写的碑记中写道:

> 嘉熙二年国母患乳,神即代医人投剂,立效。帝问姓名,神曰:"我浙西周缪也。"言罢不见。帝异之。遣使于浙西,廉得实,嘉其能孝于亲,忠于国,于淳祐元年秋,敕封神护国广平正烈周宣灵[1]。

---

[1] "护国广平正烈周宣灵王"为元至正年间(1335—1340)所封赏,此处钱广居叙说有误。后文朱孝纯沿用此说法,实际是错误的。

乾隆四十三年（1778），朱孝纯为淮南周宣灵王庙撰写的碑文中写道：

> 后理宗谢太后病，无能愈者。有士人至，药之，而（谢后）起问姓名，曰：周某也。已而不见，惊，以其名访知者，曰：是盖神为之也。于是，封护国广平正烈宣灵王。王至元末，化道人，救疠疫于休宁，故徽州祀之。

两篇碑文中记载的是1238年周雄神治愈理宗谢太后疾病的灵异传说，钱广居写得更具体些。朱孝纯还记录了1340年前后周雄神化作道人在休宁救疠疫。

通过周雄神的灵异传说，周雄神的灵验程度得到了强化和推广，推动了周雄信仰的传播；而周雄信仰的传播，又促进了新的灵异传说的创造和发展。随着周雄信仰的发展，其灵异传说也与时俱进。这些灵异传说不仅记录在史料性质的历史文集之中，也存在于市民小说、话本和民间百姓口耳相传的说教里。灵异传说在推动周雄信仰传播、促进周雄信仰发展方面发挥了重要作用，是研究周雄信仰的重要组成部分。

4.祭祀与巡会是周雄信仰传播的重要路径

周雄信仰如何实施？在观念的支配下，信仰主体与信仰对象之间必然展开一系列的互动与实践，这是抽象观念的具象表现。这些互动包括日常的神灵崇拜、各类仪式、赛会活动的举行，地方庙宇的修建，等等。各地周雄庙在周王诞辰日都要举行盛大的庙会，庙会期间举行祭祀活动，入庙进香者络绎不绝，成为当地重要的群体性活动；庙会期间还要举行更为隆重的周王巡会，各种民间文艺班社参与巡会表演。祭祀与巡会相辅相成，共同构成周雄神信仰传播的重要路径。下面简单列举历史上各地周王庙会的盛况。

在浙江衢州，民国《衢县志》记录了当时迎神举祀的热闹场景：

俗以三月四日、四月八日为神诞辰，各坊隅分曹为社会，置行台迎神举祀，每社各有其所立之像，不相混杂，其迎神所驻，辄于通衢张幔植台，演剧以乐神，日每十余处，昼夜相接，至仲夏乃罢。

（民国《衢县志》卷四《建置志下·坛庙》，第376—377页）

从三月初四至四月初八周雄神诞辰期间，衢县有十多处周雄庙都组织开展迎神赛会活动，活动期间演戏酬神，昼夜相接。

在浙江省建德市新叶村，时至今日，每年的农历三月初三，百姓要将玉泉寺里的协天大帝、白山大帝、周宣灵王请到新叶村来。请来的神像，是用红木雕刻的身高约四十厘米的小型替身像。这一天用精雕细刻、色彩华丽的樟木神轿将他们在火炮声中迎进村，供奉在祠堂内，一年换一个祠堂。到第二年农历二月初二再将三圣隆重地请回庙中。一个月后再抬回另一祠堂，每年如此。

在江苏省苏州的周王庙会热闹非凡。庙会每年一次，在九月十三至十六日举行庆典活动，各个班组都会自觉把各自的堂口装扮起来，张灯结彩，还要请地方上的各种戏班。堂会、戏法、滩簧等参加演出，吹吹打打、说说唱唱，非常热闹，三天之中还有祖师"拜母""升堂""跪衙"等活动。如果逢到周王庙"出会"，万人空巷，市民都争着一睹为快。庙会这几天，把庙里的玉器珍宝展览于市，庙内的镇庙之宝"碧玉蟾"（现藏于苏州博物馆）这一天也要"献宝"。苏州百姓争相入庙观宝，进而演变成苏州中秋佳节时一种奇特的民俗活动，即每当中秋佳节时，城内豪门富商，把家中所藏玉器珍宝铺陈出来，供人观赏，斗富夸奇，百姓则争睹为快，由此演变成苏州民间中秋看小摆设的习俗。今庙址虽在，周王庙里的"观宝"与"献宝"早已成为史书记载的古俗旧影。

旧时，安徽休宁县临溪周王庙会每年九月初八举行。由临溪镇七大姓，即吴、汪、李、程、刘、王、方或临溪"牛福会""龙灯会""观音会"轮流主持，组成二百余人的仪仗队来榆村接周王菩萨。铜锣开道，仗鼓咚咚，旌旗蔽日。三孔三管门铳鸣放，一路上前呼后拥，浩浩荡荡，十余里路走一天。到傍晚，仪仗队燃起无数火把，才把周王菩萨抬进镇子。初九（重阳日）庙内香烟弥漫、箔灰飞扬，善男信女络绎不绝地向周王菩萨顶礼膜拜。庙会祭神，演戏娱神是少不了的，八月底就分别在上村、中村和下村同时演出，戏一唱就是两日两夜或三日三夜，或者日落唱到日出"两头红"。方圆几十里的乡民都来赶庙会，四邻客商也前来摆摊设点做买卖。

涂尔干在《宗教生活的基本形式》中对于世俗空间与神圣空间的起源有过这样的理解，他说："膜拜的基本构成就是定期反复的节日循环。现在，我们已经能够充分理解这种周期性倾向是从何而来的了；实际上，它就是社会生活节奏所产生的结果。但是人们不可能永远集中在一起。生活的紧迫性不允许人们无休无止地聚集，所以人们只能分散开来，只有当他们再次感到需要这样做的时候，才会重新集合。正是这种必然的交替，才相应带来了神圣时期和凡俗时期的有规律的交替。"各地周王庙会活动的举行，对于当地民众来说无疑就是相对于日常生活而言的一个神圣时刻。在这一神圣时期人们以各种途径努力去直观地感觉和体验周宣灵王的威灵——禁荤茹素、焚香点烛、迎神赛会、演戏酬神等，构筑起民众狂欢的舞台。

四、孝子祭的主要特征与重要价值

本章重点讲述孝子祭独特的传统性、浓郁的地方性、顽强的传承性、内容的丰富性、良善的伦理性等主要特征，及其学术研究价值、社会伦理价值、经济开发价值、艺术与美学价值、区域认同与社会整合价值等重要价值。

四、孝子祭的主要特征与重要价值

　　南宋孝子周雄的孝善精神彰显着中华民族传统价值观的光芒。在周雄信仰圈内，人们将周雄作为地方保护神顶礼膜拜，借助信仰强大的情感凝聚力，"孝"作为基本的道德观念深入人心。作为富阳区内独特的文化现象之一的孝子祭，在长期的传承发展中展现出鲜明的特征，具有独特的价值。

[壹]孝子祭的主要特征

1.独特的传统性

　　在中国古代传统文化中，孝道是一项重要的内容。儒家认为："孝悌也者，其为人之本矣。"一部《孝经》把孝称作"天之经也、地之义也"。一套《二十四史》中都有孝义传，集中表彰历代身体力行的孝男孝女，影响深广。而南宋大孝子周雄，虽仅二十四岁，因母病危返乡途中遇风暴落水而死，无论官方和民间都将其孝行事迹奉为典范，崇为神明，逐步发展成为"孝子祭"风俗，并以此来弘扬孝道，这种独特的形态，史所难得，弥足珍贵。

2.浓郁的地方性

　　孝子祭的祭祀对象是周雄，周雄是新城县太平乡渌渚人，渌渚是他的桑梓地。当地民众称周雄为"太太菩萨",太太是对族里先辈的尊称,菩萨是指充满慈爱之心、救苦救难于民间的神祇。周雄神是本地人,民间自有许多妇孺皆知的行孝传说和灵验故事。在富阳境内周雄信仰圈里,人们以共同信仰周雄为精神基础,以周王庙会为纽带,以定期入庙进香为义务,在渌渚庙为中心的方圆数百里范围内,周雄为民间崇拜的主神。在以维护孝子祭的组织中,既有与血缘宗法相关的周雄外婆家郎家庄人、周雄族人后裔,又有以地缘相近的村民,还有富春江上特殊人群——水上三民。旧时新城县九大周雄庙,都有自己的祭祀圈,都有一些特定的祭祀习俗。

3.顽强的传承性

周雄二十四岁不幸遇难后,周雄庙在渌渚建成,周雄信仰开始形成。孝子祭是伴随着周雄信仰的形成而逐渐形成的。孝子祭植根民间,源远流长,从形成之日起到现在已有近八百年历史,列入新城县官方春秋祀典在近二百年前。在这漫长的发展过程中,孝子祭沿袭古礼,彰显民俗,又与佛教、道教、儒教三教融合,兼收并蓄,不断完善,形成了相对固定的祭祀仪程与内容,表现出旺盛的生命力,即使因主流社会对民间信仰相当长时间的排斥,孝子祭几乎被人遗忘,但一旦条件允许,周雄信仰又会在人们心里燃起,孝子祭又会重新出现,具有生生不息的传承性。

4.内容的丰富性

广义的孝子祭包括：（1）孝子祭仪式。包括春秋官祭、民间醮仪两大类。（2）"太太殿"庙会。三月三和九月九庙会，祭仪前的出巡和展演。（3）孝子俗信。平时太太庙的祭祀和祈福活动。（4）周雄传说。包括周雄孝行故事与灵验传说。（5）族规家训。周雄信仰形成早期，周氏族人在祭祀期间接受族规家训的训导和教育，对于聚族教化、孝亲和睦意义重大。孝子祭由祭祀、习俗、礼仪、传说、传统技艺、传统美术、传统音乐与舞蹈等非物质文化遗产和庙宇、古墓等物质文化遗产两大类组成，体现了鲜明的民族特色和地方特色。孝子祭活动内容非常丰富，如庙祭时"做供"需三天三夜，仪式有十多

周宣灵王殿花窗上二十四孝图之"负米养亲"（吴昱摄）

项内容，供品有各类食品；庙戏一般演三天五场，演出绍剧、京剧、越剧等各种戏曲；出巡活动由新城县内几十支民间文艺会班出场，争奇斗艳；庙会期间各式人等纷纷捐出善款，行善积功；商人云集，商品贸易形成繁荣的庙市。

5.良善的伦理性

任何一个民间信仰都有积极的一面，也有消极的一面，这是一个复杂的整体，但是它的成分比例还是可以区分和考量的。伦理性是指民间信仰中良善的部分，也就是于当今社会有益的部分。孝子祭，俗信与伦理并重，它与太太庙会并存，说明民间以俗信的形式表达对纲常伦理、至孝之情的推崇。千百年来，中国社会把孝道视为纲常伦理。在儒家的伦理文化中以"仁"为核心内容，"仁者爱人"。由于"仁"是一种广泛性的理念和普遍性的道德，所以从实践的意义上来说，认为"孝"是一个人的元德，它是仁性产生的根源，是实践"仁"的起点，所以"孝是仁之本"。孔子说："百善孝为先"，将"善待父母"视为神圣的义务，并把对父母、家庭的忠孝扩大到对国家、社稷的忠孝，从而被信奉为至高无上的道德。所以，传统中国把孝男孝女神化，对之顶礼膜拜、焚香上供，这一风俗影响至深、至广、至远。孝子祭每年重复举行，不仅是对传统文化的传承，同时也是倡导尊长孝亲的现代伦理文化、构建和谐社会的有效路径。

[贰]孝子祭的重要价值

二十世纪八十年代以后,党和政府执行了正确的宗教政策,各种宗教活动都得到了积极健康的发展,与此相应的民间信仰也获得了自由发展空间。1991年,渌渚周雄庙移址重建,包括孝子祭在内的周雄信仰活动得以恢复和发展。2014年,孝子祭列入第四批国家级非物质文化遗产代表性项目名录。在文化遗产保护的视野下,孝子祭的价值主要体现在以下几个方面:

1.学术研究价值

周雄信仰传播广泛,影响深远。美国芝加哥大学人类学家雷

2014年11月民间信俗孝子祭列入国家级非物质文化遗产代表性项目(徐建华摄)

德斐尔德将文化区分为"大传统"和"小传统"。"大传统"位于社会上层，是社会精英及其所掌握的以文字为载体的文化传统，"小传统"位于社会下层，为普通市民和乡民所拥有。"大传统引导文化的方向，小传统提供真实文化的素材，两者构成整个文明的重要部分。"（李亦园.人类的视野.上海：上海文艺出版社，1996）。周雄信仰作为下层社会的"小传统"，经过与官方大传统、主流文化和现代文明的互动，在历史上和现实社会中都留下了深刻的印记。对它深入研究不仅可以帮助我们了解历史、了解现实社会，还可以了解社会民众活生生的社会生活和精神世界。周雄文化涉及神话学、民俗学、历史学、文化学、宗教学、建筑学、文学、艺术等学科领域。如周雄庙结构造型和各类雕刻构件，是传统建筑艺术精品；祭祀仪式仍保存着鲜活的口传文化和民俗礼仪文化；周雄信仰中包含了忠孝的传统道德因素，等等。

　　孝子祭在当代复兴，我们首先要对其进行科学、全面而深入的研究，这对于正确地引导孝道文化、开发传统文化资源、维护社会稳定是十分必要的。2008年，第四届浙江省非遗保护论坛以"孝文化的传承与弘扬"为主题在富阳区召开，特邀专家学者研讨周雄文化学术价值。目前已有多位高校和研究所的学者对周雄信仰进行了深入研究，取得了一定的成果，比如：朱海滨的专著《祭祀政策与民间信仰变迁》、王振忠撰写的《徽州与衢州的周宣灵王》、董敬畏

"孝文化的传承与弘扬"为主题的非遗保护论坛在富阳召开（渌渚镇综合文化站提供）

撰写的《信仰的动态混融——以衢州周雄信仰为例》等。对周雄信仰进行多学科不同角度的研究，可以繁荣学术、促进文化多样性。

2.社会伦理价值

在非物质文化遗产的话语里，孝子祭侧重于弘扬孝文化。周雄信仰中也存在着"一般的迷信"，但这属于次要部分。在非遗保护的视野里，我们要把周雄信仰归其本位，恢复其孝子的原本身份，构建具有正向价值的文化资源。孝文化是我国传统文化的瑰宝，是中国传统伦理道德的支柱之一。传统孝道包括养亲、尊亲、顺亲、礼亲、光亲等基本内容，其中既要有发自自然亲情的爱，又要有符合伦理的"敬"与"忠"，最后落实到实践上的"顺"。孝由身而家，由家而社会，由社会而治国，其含义不断延伸推广，"以孝治天下"是孝的最高境界。周雄信仰中将周雄的"至孝""大孝"等人格精神化为生动的传说故事，并依靠乡村信仰组织网络，渗透到民众的生活世界。孝子祭，一年两次，春祈秋报，年复一年，在祭祀过程中人们向孝向善的心灵受到洗礼。周雄信仰是人们精神的皈依，孝子祭仪式曾给人们一种心灵的慰藉与暗示，这种慰藉增强老百姓战胜困难、克服困难的信心，是一方群众的精神支柱。孝子祭，也是对现代人的教育。一般认为父母养育子女，有三种恩情：生育之情、养育之恩和教育之泽，子女长大后应对父母有所报答。孝子祭可以培养他们良好的孝善品质，自觉地约束自己的不良行为。

3.经济开发价值

周雄信仰作为一种传统的文化资源，具有一定的经济开发价值，有助于促进区域性经济的发展。在现代旅游中，参观民间宗教场所、参加民间民俗信仰活动、了解地方性民俗文化已成为人们观光的重要内容。近年，渌渚镇党委、政府利用周雄文化资源，投入资金，建成孝子牌楼群、孝子湾文化公园、周雄纪念馆，结合原有周宣灵王殿、周雄墓遗址等，形成以周雄信仰为核心的文化空间，成为这

一地区独特的民俗旅游资源，这大大促进了区域内休闲旅游业的发展。另一方面，春祈秋报、一年两次的孝子祭活动，集祭祀、巡游、商贸、民间艺术展演于一体，这类基于民间信仰的周王庙会，传承历史悠久，在民间影响极大，已成为地方性的固定游乐节日，成为地方文化的重要景观，日益受到游客欢迎。围绕周雄文化资源的旅游属于"历史文化怀旧"类旅游，正日渐成为富阳民俗风情旅游资源的重要组成部分。

4.艺术与美学价值

周雄信仰在漫长的历史发展过程中积累独具特色的文化传统，具有一定的艺术价值与美学价值。孝子祭中的迎神赛会是富阳西部地区民间艺术展示的大舞台，各个民间艺术团队竞相献艺。我们在梳理原新城县区域范围内的民间艺术时发现，许多有特色的民间舞蹈如官塘板龙、包秦抬阁、汪家竹马、渌渚狮子、桃花岭大头和尚等都曾参与旧时周王庙会巡游活动。越剧、婺剧、京剧、绍剧等不同剧种在周王庙戏台轮番上演，给观众带去美的享受。通过民间文艺汇演，人们相互交流，传承技艺，不断培养出民间艺术新人，传统文化代代相传。因此，可以说，孝子祭活动是促进民间艺术发展的载体，也是许多民间艺术赖以生存、发展的文化生态环境，对于民间优秀文化的传承具有重要价值。另一方面，重建的渌渚周王庙，雕梁画栋，彩绘满楼，

周宣灵王殿内精美的宫灯（吴昱摄）

二十四孝木雕图镶嵌在庙宇大门上。室内泥塑周雄神像安坐龙亭，龙亭四周饰有造型各异的腾龙。有关周雄的行孝故事与灵异传说在民间传颂，祭祀过程中仪式、音乐、祭文等也都是精美的艺术作品。由此可见，周雄信仰中蕴含着丰富的文学艺术样式和民风民俗，具有重要的艺术价值与美学价值。

5.区域认同与社会整合价值

周雄信仰在周雄祭祀圈内具有区域认同、社会整合的价值，可以起到加强内部团结和外部联系，推动地方经济的社会作用。区域认同是指区域成员对区域归属的认识与感情的依附，它是以文化认同为基本要素的。周雄信仰作为一种传统文化的社会记忆形式，世代传承，存在历史悠久，拥有广泛的族群认同基础，是联系、沟通当地民众情感的纽带与桥梁。王铭铭指出："民间宗教在现代化进程中的复兴，与民间社会网络的复兴是互相促进的，如果说民间社会网络有助于民间经济的形成，那么民间宗教就是通过辅助民间社会网络而间接地服务于民间经济联合的形成。"（王铭铭.村落视野中的文化与权力.北京：三联书店，1997）。在现实社会中确实如此，周雄孝子祭仪式活动，会形成一个浩大的文化节庆活动，有助于加强社会团结，扩大社会联系，并以此促进社会经济的发展。通俗地讲，民俗节庆活动，民间百姓呼朋唤友，聚餐小酌，沟通感情，人流带来了信息流，也

会带来资金流，从而促进经济的发展。另一方面，周雄信仰弘扬
孝道文化，尊老爱幼，有助于构建一个稳定和谐的社会环境，是
维持乡村社会秩序的一种有效手段。

五、孝子祭的保护与传承

孝子祭项目特征鲜明，历史价值、文化价值突出，在地方文化中具有代表性与典型性。但近百年来，孝子祭文化生态环境发生了突变，周雄信仰空间大部分被摧毁，传承氛围已经弱化，孝子祭日趋濒危。近年，政府与民间采取多种措施，合力抢救保护孝子祭这一珍贵的非物质文化遗产。

五、孝子祭的保护与传承

本章重点讲述孝子祭的濒危状况、孝子祭的保护与抢救、孝子祭的传承三方面内容。

[壹]孝子祭的濒危状况

1.周雄信仰的文化生态环境发生了突变

近百年来，受到政治变迁、经济变迁、社会变迁、科技革命等多重因素的影响，周雄信仰的文化生态环境已经发生了突变，人们的价值判断发生了变化，一些深层的文化涵义也遭到损毁。和其他民间信仰一样，周雄信仰近百年来被摧残得非常厉害，特别是"文化大革命"这段时期，它被视作迷信或落后的意识形态、社会进步的阻力或国家安定的威胁，受到苛刻的对待。人们关于周雄信仰的知识系统被截断，甚至根除，完整的孝子祭仪式需要整理。周雄信仰在今天这样一个现实环境里，正在很艰难地寻找自己的生存空间。

2.周雄信仰空间大部分被摧毁

周雄信仰在经历了将近一个世纪的压制后，其信仰空间大部分被摧毁，信仰仪式曾长期被取消，至今还不时受到负面评价。江南地区曾经出现过的六十七座周雄庙基本被摧毁，仅存浙江衢州周孝子祠、安徽祁门凤凰山灵雄禅寺、浙江淳安临岐汪川村的周宣灵王庙、浙江富阳渌渚周宣灵王殿与永昌青何村周孝子祠。这几座庙宇除了衢州周孝子祠，其他几座都是二十世纪九十年代以后重建的。没有了庙宇，也就没有了祭祀平台，没有了老百姓表达情感意愿的精神空间。1991年，富阳渌渚村民自发集资，在太太山下重建"周宣灵王殿"，但规模已不能与以前的周王庙同日而语，这也影响到孝子祭活动的开展。

3.传承氛围已经弱化

随着城市化、工业化、全球化进程的加快，传统的周雄信仰的影响力大幅度下降，传承范围缩小，给保护与传承带来很大影响。一是受现代文化和生活方式的冲击，越来越多的年轻人外出工作，年轻人更喜欢具有时代特征的文化节目，对周雄信仰不关心，不熟悉。二是有一定影响力的熟悉孝子祭仪式的传人相继离世，他们的子女没有成为接班人。目前周雄信仰受众年龄偏大，大多以中老年妇女为主，传承受到极大影响。虽然近些年孝子祭仪式如常进行，但对于民众的影响已经式微，亟待加大力度进行保护。

[贰]孝子祭的保护与抢救

孝文化是中国文化精神的源头，也是中国道德伦理的精神基础。流传于钱塘江流域的周雄信仰以儒家伦理思想为背景，将周雄仁孝的人格精神转化为生动的传说故事，并依靠周而复始的祭祀仪式与乡村信仰组织网络，渗入民众的生活世界，长期以来不断教化、引导着当地民众。各级党委、政府高度重视周雄信仰这一现象，认真剖析，努力避免周雄信仰的负面影响，充分发挥其中真善美的教化作用。自孝子祭列入第四批国家级非物质文化遗产代表性项目名录以来，富阳区加大保护力度，营造文化空间、建设周雄纪念馆、举办孝子祭活动、开展周雄孝心奖评选等，这些活动进一步展示了周雄文化的深刻内涵，彰显周雄文化的价值。

1.政府举措

多年来，各级党委、政府采取多种措施，合力抢救保护孝子祭这一珍贵的非物质文化遗产。

（1）做好普查、建档、申报工作

自2005年起，富阳区全面开展非物质文化遗产普查工作，周雄信仰列入普查重点。普查员走访田间地头、村居民舍，搜集了大量第一手资料，建立了初步的孝子祭档案。2008年，民间人士李仁贤采集了大量当地百姓口口相传的周雄故事，编撰出版《周雄传奇》一书，为我们进一步了解周雄信仰提供了口传史料。2008年，以"孝文化传承与弘扬"为主题的第四届浙江省非物质文化遗产保护论坛在富阳召开，部分专家学者聚焦周雄信仰，为更好地保护与传承孝子祭提出了许多合理化建议。2008年，周雄孝子祭列入第二批杭州市非物

中国文联出版社 2004 年 4 月出版的《周雄传奇》（李莲君摄）

质文化遗产代表性项目名录；2009年，孝子祭列入第三批浙江省非物质文化遗产代表性项目名录；2014年，孝子祭列入第四批国家级非物质文化遗产代表性项目名录。

（2）建立孝子祭保护机构

为切实推进孝子祭保护项目的实施，确保项目保护责任，富阳区成立了孝子祭保护领导小组。区人民政府作为项目实施主管单位,渌渚镇人民政府作为责任单位负责具体管理,区文化广电新闻出版局作为责任单位负责业务指导,富阳区周雄孝文化研究会作为保护单位,渌渚镇周宣灵王殿所在的村承担项目保护的具体工作,还根据孝子祭的特点组建专家组。

(3)做好传承人的保护与培养工作

传承人是孝子祭的承载者与传递者,他们熟悉祭祀活动整个程式、仪礼仪规,是孝子祭传承的关键人物。富阳区文化广电新闻出版局非常重视传承人的保护和培养,通过调查摸底,遴选了两名热心孝子祭工作、掌握孝子祭礼仪的人作为代表性传承人。2010年,李仁贤被浙江省文化厅确认为孝子祭省级代表性传承人;2017年,徐友成被浙江省文化厅确认为孝子祭省级代表性传承人。还有周宣灵王殿董事会核心成员,对孝子祭活动十分热心,他们通过言传身教培养了一批孝子祭活动骨干,确保后继有人。

(4)以孝为载体创新社会管理模式

为进一步弘扬孝道文化,构建和谐社会,打造"孝文化基地"金名片,塑造文化大镇形象,渌渚镇党委、政府制定了《打造周雄孝道文化基地五年工作规划》,投资两千余万元,在孝子周雄的家乡建设集道德教育、休闲娱乐于一体的"孝子湾公园"以及"周雄纪念馆"。在全镇每两年开展一次周雄孝心奖,利用身边的典型,接地气、聚民气,创新社会管理模式。同时以镇政府为中心,延伸至全镇十三个行政村的墙体上，布置脍炙人口、通俗易懂的上千条孝道文化箴言佳句，营造弘扬孝道文化的浓郁氛围，树立"以孝为美、以孝为荣、以孝为德"的良好社会形象。加强孝道文化的校园传承工作，2009年，渌渚镇中心小学被列入浙江省孝道文化传承教学基地。2010年，渌渚镇被评为"全国敬老模范单位"。渌渚镇把挖掘、弘扬孝文化提到了文化强镇的战略高度，目的就是要让以周雄为代表的孝道文化深入人心、深入家庭、深入社会，不断弘扬社会正气，增强人们生活幸福感，形成全社会"以孝为荣、以孝为美"的良好氛围。

2010年渌渚镇被评为"全国敬老模范单位"（渌渚镇综合文化站提供）

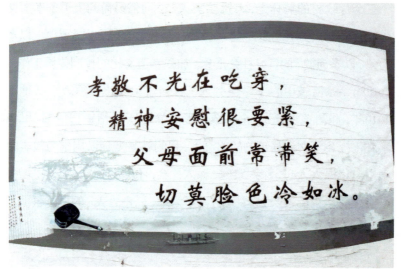

孝敬不光在吃穿，
精神安慰很要紧，
父母面前常带笑，
切莫脸色冷如冰。

墙体宣传广告（方仁英摄）

2016年，富阳区道德模范颁奖典礼在渌渚镇孝风广场举行；2014年，杭越三团越剧传习所将孝子周雄两则孝行故事"破冰捕鱼""开棺救人"改编成越剧折子戏，在全区上演。周雄孝文化的普及以渌渚镇为核心，正向全区各乡镇街道辐射。

（5）营造孝子祭文化空间

1991年重建的周宣灵王殿紧挨着渌渚镇中心小学，场地狭窄，影响孝子祭活动的正常开展，2009年，渌渚镇党委、政府开始着手规划孝子湾文化公园建设。孝子湾文化公园包括孝道、孝风广场、周雄纪念馆、孝心池等。孝道，从23省道起步向北延

渌渚镇周雄孝心奖（渌渚镇综合文化站提供）

渌渚镇中心小学孝道文化教材（渌渚镇综合文化站提供）

孝子湾文化公园开工典礼（渌渚镇综合文化站提供）

周雄纪念馆孝子周雄像（吴昱摄）

伸，宽十米、长五百米，止于孝心池。孝道上矗立着四座牌坊，代表宋、元、明、清四朝六皇帝对周雄神赐封褒奖。四座牌坊形成一个牌坊群，巍然屹立，颇为壮观。周雄纪念馆主体馆追溯了周雄短暂的一生及他成神之后在江南各地的祠祀情况、周雄孝行故事与灵异传说、孝子祭活动等；左右两边的孝风馆，一边展示我国历史上对孝道文化的尊崇，另一边展示富阳近年涌现的道德模范。在孝道与周雄纪念馆之间是孝风广场和孝心池，2016年春秋两次孝子祭活动就在孝风广场举行。整个孝子湾文化公园依山傍水，风景秀丽，是比较完美的孝子祭活动展示空间，总投入达两千万元。这一文化空间的营造，为推进渌渚镇孝道文化建设奠定了良好的物质基础，也为利用孝文化资源开发旅游产业打下了良好的基础。

2.民众对孝子祭保护的文化自觉

（1）成立富阳区周雄孝文化研究会

2013年成立的富阳市周雄孝文化研究会，其前称是富阳名人名胜研究会周雄研究分会，成立于2003年，也就是说，富阳本地学者对周雄文化的研究很早就开始了。近年来，研究会成员奔赴省内外探访周雄庙宇、了解周雄故事，编撰《周雄史料》《周雄传奇》。研究会成员还走访全省各地观摩各类民间祭祀活动，出谋划策，完善孝子祭的祭祀体系，认真研究讨论祭祀队伍的服

夜幕下的孝道牌楼群（吴昱摄）

周雄研究会成员陈华林、孙健龙、王益庸等考察苏州周王庙旧址（陈华林提供）

饰、道具，使之更加符合古时孝子祭仪式规范。在孝道四座牌楼群对联全国征集活动中，研究会成员认真遴选，挑选更符合弘扬周雄孝文化相关内容的楹联。在周雄纪念馆文化陈设方面，研究会成员竭尽智力，梳理资料，理顺脉络，拿出了比较合理的展示内容。可以说，研究会成员在孝子祭的保护过程中起到了重要的智力支撑作用。

（2）民间力量是孝子祭保护的主力军

在孝子祭的恢复过程中，周宣灵王殿的管理委员会成员起到了

捐款碑（吴昱摄）

重要作用。他们是忠实的周雄信仰信众，除了日常管理、维护周宣灵王殿外，在春秋两次祭祀活动中，还组织人员做好后勤保障和安全保障，组织实施祭祀仪式、周王出巡、庙戏等，是祭祀活动的主力军。在2016年春孝子祭活动中，仪仗队、銮驾队、各文艺会班达一百八十多人，秩序井然，训练有素，在舞台上做了很好的展示，为孝子祭活动的圆满完成出了力。狮子队、竹马队、大头和尚队部分队员白天都在厂里上班，只有晚上可以进行排练。在当下，渌渚周雄庙还有可观的民间捐助，这对传承孝子祭活动是十分必要的。

富阳区道德模范颁奖典礼在渌渚镇孝风广场举行（吴昱摄）

流动大舞台走进孝子故乡（吴昱摄）

总之，在近年孝子祭保护历程中，政府、学者、民众在孝子祭恢复与传承中发挥了各自的积极作用。政府的主导与推动力、学者的学术指导与影响力、民众的文化自觉与内省力，三股力量形成合力，使孝子祭保护步入良性轨道。

[叁]孝子祭的传承

从周雄逝世至今的八百多年间，周雄信仰至少经历了形成期（去世至宋端平年间）、兴盛期（宋端平至元大德年间）、转型期（明嘉靖至清初期）、鼎盛期（清雍正至清末）、衰落期（民国末年至1990年前后）、复兴期（1990年至今）六个重要时期。伴随着周雄俗信的发展，孝子祭也由民间祭祀纳入了官方致祭。在当代，孝子祭是一种历史名人祭祀、民间宗族祭祀、地方俗神祭祀的综合，我们有必要对其进行保护并将其建设为具有地方特色、有一定影响力的祭仪范本。

1.尊重周雄民间信仰文化

如果说以前民间信仰是被当作迷信或落后的意识形态、社会进步的阻力或国家安定的威胁的话，那么在全球化时代，在文化多样性的理念下，民间信仰的合理性开始得到尊重。2003年联合国教科文组织通过的《保护非物质文化遗产公约》中规定，非物质文化遗产有五项内容，其中第四项是"有关自然界和宇宙的知识和实践"。这就是针对民众的精神信仰所作的概括性表述，由此，民间信仰被列入非物质文化遗产关注的范畴。民间信仰是民众的一个知识形态、感情皈依，诚如刘锡诚《非物质文化遗产与民间信仰》中指出："不论它是唯心的还是唯物的，进步的还是落后的，正确的还是错误的，这是人之为人的权利和信念。而迷信，无非是烧香、磕头、许愿、祈祷而已，如同基督徒的祈祷画十字、佛教徒的数念珠一样，只要这种行为没有危害他人、危及国家民族利益，那就应该永远属于个人的心理行为。"（刘锡诚.非物质文化遗产与民间信仰.人民网，2005.12.29）。民间信仰是老百姓精神家园的一部分，也是社会秩序的有效调节方式，要给予充分尊重，不能随意地贴上"封建迷信"的标签，再一次受文化霸权的大肆扫荡与清算，使其陷入文化绝境。

浙江省民间信仰活动场所

周宣灵王殿

浙江省民族宗教事务委员会监制

省民宗局颁发的民间信仰活动场所标牌（李莲君摄）

孝子祭是周雄信仰文化的重要组成部分, 周雄信仰文化也并非完美无缺, 只是以往我们过多地关注了它消极的一面, 对它有过多的苛求与挑剔, 未能给予完整的评判。周雄信仰中可能也有不利于社会安全与人们身心健康的文化成分, 对此要讲究事之以敬, 仔细甄别, 积极引导人们改变思想观念, 自觉放弃陈旧的、不合人文精神的文化因素。

2.创立孝子祭基金会

祭祀典礼是建立在经济基础之上的。历史上渌渚周雄庙的收入来源有以下几类: 一是日常香火及定期的迎神赛会所带来的收入; 二是日常的法事活动带来的收入; 三是商人的捐纳; 四是庙田带来的收入。孝子祭的祭祀活动主要由周雄庙组织, 经费支出主要依托周雄庙收入。二十世纪九十年代恢复孝子祭以及二十一世纪孝子祭列入国家非遗名录以来, 祭祀的费用主要来自地方财政的逐次申请和个人捐献, 不能长期保障祭祀活动的展开。因此在孝子祭保护单位周雄孝文化研究会常设孝子祭管理基金会, 以确保孝子祭得到更好的保护与传承。

孝子祭的基金来源可以由国家文化保护经费划拨、地方财政资助、个人捐献、周雄庙部分收入等几块组成, 用于祭祀场所维护、祭祀用品添置、祭祀典礼用度、祭礼研究、学术交流、周雄纪念馆文化陈设调整等。

3.提升孝子祭祭祀水准

孝子祭经过数十年的沉寂，许多传统已经中断，谙熟祭祀仪礼的人才已经断代，礼、乐、歌、舞四位一体的祭祀体系有待规范。

首先，要提倡"祭以敬"的儒家祭祀精神。古人提倡，祭以敬为实，以礼为虚，临祭前三日斋、七日戒，清心沐浴洁体。祭祀时祭者肃穆敬谨，讲究施礼的步态和身形，祭典庄严隆重。祭仪品质是维护孝子祭的关键，为此要对孝子祭的主祭、副祭、礼生、执事者等祭祀人员进行操作规范的培训，与相关研究机构合作，在继承原有孝子祭仪礼的基础上，形成一套严谨优雅的行礼程式，培养谙熟孝子祭礼仪的人员队伍，提高孝子祭的祭祀品质。

其次，要丰富完善祭祀体系。鼎盛时期的孝子祭，应该是在清道光年间（1821—1850）的官方致祭。时任新城知县吴墉在《周孝子祠碑记》中指出："届期赓迎神送神之曲一章，使歌以侑，以见与祭者之。"当时可能是一种主要包括乐、歌、舞、礼四种形式的庙堂祭祀。2016年公祭与传统祭祀四个部分相比较，缺失了歌的部分，而在器乐、舞蹈和服饰等方面有了新的发展。音乐方面，增加两面大鼓、梅花锣鼓的表现形式，意在达到磅礴气势、震撼人心的艺术效果；其次是舞蹈，参照以前文献和民间口口相传，对孝子祭民间乐舞狮子舞、竹马舞、大头和尚等进行了重新编排，使其更具感染力；再者是服饰和道具，演出使用的宋代服装和道具经过重新设计制作，更加古朴、庄严、凝重。要对孝子祭进一步整理和规范，完善礼、乐、歌、舞四位一体的祭祀体系，尤其是在祭祀歌章、祭祀音乐、传统祭器等方面进行适当的恢复。要加强与高校、科研单位及周雄孝文化流布地区之间的协作，深入开展孝文化和孝祭风俗的研究，不断丰富完善祭祀内容。

4.传承周雄孝文化教育资源

在现代教育领域，周雄是一个很好的文化资源，富阳区政府充分认识到这一点，在渌渚镇建设了以弘扬周雄孝文化为主题的建筑群：孝道上牌楼群、孝子湾文化公园、周雄纪念馆。周雄侍母至孝的行为值得后人学习。一方面，我国面临着人口老龄化、养老越来越严重的社会问题；另一方面，现代社会家庭凝聚力不断削弱，小型化家庭、少子化家庭等越来越多，城市化带来的人口流动、移民浪潮等，使得背井离乡的人越来越多。为促进代际和谐，提高家庭和整个社会的幸福指数，解决严峻的老年化社会的养老问题，建设温馨美好的社会主义精神家园，构建和谐社会，都需要继承、宣传和弘扬敬老、爱老、养老的孝文化。

要充分认识到周雄孝文化的价值，利用渌渚周雄孝文化基地，打造全国性的孝文化教育基地，邀请全国知名学者开设孝文化专题讲坛，以顺应政府的倡孝与民间的奉孝热情，推进孝文化建设。以

　　"杭州有个太子湾，富阳有个孝子湾""忠有岳飞，孝有周雄"等为旅游标识，打造具有一定知名度的旅游景点，让老百姓在游览周雄孝文化的同时，有所体悟，使孝道成为全民普遍自觉遵从的报恩情怀和亲情人伦。

附录

翊应将军庙记[1]

南宋·汪 绩[2]

鬼神之说其来尚矣。《记》曰：明有礼乐，幽有鬼神。圣人独不语之者，岂以荒忽诞幻易于惑人耶？及观先儒注释，又曰：鬼神造化之迹，虽非不正，然非穷理之至，有未易明，故不轻以语人。若其迹显，其事著，能御大灾，捍大患，庙祀尸祝载在国典，昭垂无穷，又不得以圣人之不语例之也。徽之婺源，五王载祀多历年，所为之扈而赫声濯灵者，有翊应将军焉。

将军周姓，雄名，字仲伟，杭之新城渌渚人。生于淳熙戊申，其母感蛇浴金盆之祥，殁于嘉定辛未，在三衢援笔作颂，亦异。按公状貌魁梧，居乡日人已敬惮，及显而为神，在在有祠。新安祁门水旱疠疫，祷则随应。三衢常山强寇披猖，独不犯境。新山之祠有井曰安乐泉，民病求饮，活者万计。至如跃雾

---

[1] 翊应将军庙记：见民国《新登县志》卷四。

[2] 汪绩：嘉熙庚子（1240）时任新城县令。

中之青蟾而失绿帻之戎士，腾指间之白气而符先兆于老樵。士之穷达，人之险难，精神叩之，如响斯答。杨君茂子之魁兰宫也，言神之梦也。团练张公胜之使绝域也，谓神之庇也。茅山反卒，剿以阴兵。江东部使者奏其功于朝，被旨特封今号。

绩试令东安，始知神家于斯，庙于斯，归身葬于斯。交篆三日，修故事款谒，一瞻遗像，见如梦中，无一毫不肖。及纵观神之佳城，峰峦环抱，拱木阴翳，云烟吞吐，朝暮含姿，江潮溯流，抵庙而回，岂非地灵融结，则神亦妥灵，乃能灵于人也耶？其阴功显迹，不特此邦，即遐陬僻壤，语及神异，莫不身拜心竦，则与圣不语人祭之，而国家岁时命州长吏祭其境内名山大川，为民祈报且著之令。

今惟神泽两邑，效绩章显，法应命祀。而前侍郎耿公秉，欲请之朝，不果。今神所以惠宁此民，愈久弥笃，其必有成耿公之志者，因并著其俗以俟，且为之辞，俾歌以侑神，其辞曰：吁嗟！云汉兮下民之恫上帝，孔仁兮神职其功，渔洲兮山崇崇，嗟为云雨兮，噫为雷风，山之阳兮水之浒，鼓坎坎兮巫屡舞，神之来兮云旗，驾飞龙兮从文螭，云溶溶兮在下沛，流浑兮横四海，横四海兮焉穷，惠我兮禾芃芃，三时不害兮去螟，我仓既盈兮我庾维，亿民报事兮无怠荒，千秋万岁兮神无我忘。

宋神周君墓志铭

南宋·桂锡孙

狱渎钟秀，代生伟人，殁而为神，由一生之累行居，然生子者睹，再世之延光，其生也有自，其死也有归，此周君之所以继父而称神也。

君讳宗胜，字之高，居杭之新城。父雄，能御大灾，捍大患，列在祀典，皇朝累封翊应侯，赞翊元化，佑我下民，精爽常留，克开厥后，神母黄氏感异梦而生。幼而沉毅，眉宇间时露英气。洎长，至行卓卓。睦族鄘[1]以孝友，协乡里以和平。贫屡有求，神周急之；商贾有贷，神资给之。志在济人，功能及物，可谓无忝所生已。

翊应生辰，四方稚耋赍瓣香，而祝者杂沓骈阗，神鞠躬以相劳苦，远近大悦，祈福庇者，踵至里中。耆宿士民乃创建祠宇，朝廷旌其门曰："辅德"。惟神之至性感人，乃有以光昭先君之令德也。

呜呼！休兹一日，神忽需汤沐，整衣冠，就正寝，呼子弟前曰："家本寒素，赖我父之威灵，起人之孚信，多所饮益，尚图报。称今迮卒控马趣我行，我不敢辞，汝曹敦守力行，毋稍隳

[1]鄘：古地名。

越"。言讫而逝，自是祈祷必应，答响如生。里中刻香成像，分香告虔者纷纷矣。

神之应世以嘉定癸酉八月二十日，厌世以宝祐乙卯十月二十二日。娶骆氏，子光祖，孙男一人，女一人，以开庆乙未十一月初七日葬于神乡方壶之原，去父茔百步而近。锡孙筮任唐昌实邻新城，向闻翊应之灵迹，今又闻神之显应，适唐昌旧识□□求铭锡孙，奋出威灵威显，庙于贵溪犹"辅德"也，远忝神明之裔，近仰神明之德，谨为之铭曰"辅德"。扬灵奕世，降祥无愧前修，炳蔚齐光，赞助翊应，寿我福我，玉佩瑶琚，神其来下。

辅德庙记

元·方 回

祀天郊，祀地社，祀祖祢庙。古天子、诸侯、大夫、士，庙有差，三代功臣食太庙，而无特祭。蜀人德诸葛，野祭之，犹不轻庙。狄仁杰使江南，僅存夏禹、吴太伯、季札、伍员庙，张、许以节义庙睢阳，韩、柳以文章庙潮柳，由唐入宋，多援此例。然以未命之士，未壮之年，一旦形气不存，赫厥威灵，奔走半天下，则莫若翊应助顺正烈广灵周侯庙祀之盛者也。唐虞夏商周之后，以国号为姓者，汉史以来班班可考。

侯，杭之新城县人，世家渌渚，业儒，讳雄，字仲伟。母夫人汪氏，感蛇浴金盆之祥，生于淳熙十五年戊申三月四日，以嘉定四年辛未四月朝徽州婺源县五显王，卒年二十四。旧像，方巾绿袍，巨鼻耸目，魁岸瑰硕，依凭示现，或托梦寐，祈报响答五显王，其五方五行之英气也。始以九月二十八日降神，四月八日庆佛诞者，众神实先后之。端平二年乙未，饶州言：侯于德兴、祁门，阴捍常山草寇，旗甲金鼓，恍惚云际。乃后，所在疫而祷，虎害而祷，旱而祷，火灾而祷，辄应。始封翊应将军。嘉熙元年丁酉，两淮制置大使赵葵言：边境清，赖神力，加封威助忠翊大将军。二年戊戌，许新城县昭德兴已，封新旧庙。又明年庚子，县令汪绩为记。淳祐四年甲辰，徽州请加封翊应侯。宝祐二年下，新城县赐敕额"辅德庙"。五年丁巳加封助顺。咸淳七年辛未加正烈。十年甲戌加广灵。建炎旧制，神祠灵，应赐额，自二字至八字止。先是侯之犹子宗智，开庆己未，陈乞周氏子孙主庙事，尚书符报可。宗智竭资造宫殿杰阁，亢爽高闶。疲二年之力，而门庑犹旧。大元混一，靡神不依，中书杨公镇，感旧捐金。至元十六年己卯抵癸未告成。侯之孙逢吉请回实录其事，回谓：颜子三十蚤死，配享宣圣德也；邓禹二十余封侯，为云台之首功也；侯享年近愈弱冠，能以其方寸不朽者为五显王弼，与颜德、邓功比，隆神矣哉。

乃作《渌之渚》三章，以歌之，曰：

渌之渚兮，浣侯衣。青厥蟾兮，神所依。未壮而折兮，匪夭。白首者拜兮，莫之敢非。

潮来兮潮往，侯潮出游兮。夜归渺渺兮，渌之渚。子陵在上兮，子胥下。羊裘孔乐兮，鸱夷犹怒。侯与之为三兮，像祀终古。

渌之渚兮，昔家今庙。奠椒醑兮，岁其我釂[1]。彭殇共尽兮，孰尽而神不死者。心遗幻者身雨八荒兮，先我桑梓，勒此石兮，百世之史。

周孝子碑记

清·徐士晋[2]

越海之有潮汐也，感太阴之盈虚而应之也。而世以为子胥

---

[1] 釂：饮酒干杯。

[2] 徐士晋：清代新城人（今富阳市新登镇人），康熙年间贡生。

氏之怒气所激，盖亦伤忠愤之不得舒，而甚其词耳。迨吴越钱氏计筑海塘，挽强弩以射之，而后得成，使其说可信，又似有凭依焉，第砰訇漂没，势拟怀襄。

宋淳熙间，我邑有孝子周姓讳雄，字仲伟者，事后母素谨，贾于吴，忽有梦兆，疑母病，遂不顾重货以驰。及归，而母已将绝矣。公号泣拜天，愿减己年以延母寿，而母得醒。未几又贾于衢，闻母病，急破浪以出，为水所没。越日尸浮于江，显神于衢，衢人立祠祭焉。后所在皆祀，有祷必应，灵异不可胜记。自新安达江浙，波涛之厉少杀者，皆公之力也。

呜呼！江海亦诚不测矣。激以伍之忠，而潮为之怒；格以周之孝，而澜为之安。忠孝之气之足以塞天地也。如此，夫邑之渌川，为公桑梓里，公之先垄在焉。公殁，父老即以宅为祠，峰峦环抱，古森阴翳，江潮溯流，抵庙而回。忆孝行顾不重乎哉！

周孝子祠碑记

清·吴 墉[1]

道光二年，岁在壬午，新登县士绅、父老合辞而请，曰：邑

[1] 吴墉：吴兴人，监生。清道光二年（1822）新城知县。

有宣灵王周雄之神庙，祠于斯由来已久，且神之事迹，彪炳邑乘。视民间报赛之庙，荒陋无稽者霄壤攸殊，是以福佑群生，宜崇美报。维我世宗皇帝，御极三年，以江海安澜遣使，致祭于运德海潮王伍君庙神，亦配食其廷。然是附祀，非专祠。是他邑，非本邑，今原为神增封号，且得傲纵祀潮神之例，载入祀典。刍尧之见未识有当高深，敢以请。

墉闻斯言，而窃心响往。夫聪明正直谓之。神灵生为伟人，则殁必为明神，随其灵爽所之，皆有专祀，以崇血食。维新邑渌川主庙，为神故宅桑梓之地，旱潦疫疠，皆祷之，神灵益著。故人民之崇奉益虔。当据士民原辞，详请大宪，奏其事于朝。是年十月，奉旨依议，钦此。随经礼部先行知照外，并抄录原题，移会内阁典籍厅，撰拟封号字样，去后旋准。内阁交出封号，奉朱笔圈出显佑，岁时官致祭于渌川，盖自神之列祀典于新邑，自此始。

乙酉春，墉荐岁时于神庙，士民之观礼于廷者。又缮神之事实以示墉，请为庙记，而铸诸石。墉谓：昔之为神树碑碣者多矣。汪君绩、方君回、钱君养廉，徐君士晋，其文固具在，今士民之所称。引其众著者，则诸君子既言之，其不众著言之，数百年之后，惧无以征信于天下万世。昔者汪君曰：绩之言，今姑纪神之颠末，镂诸坚珉。若夫，示显应于将来，隆徽号于异日。

是绩见闻所不及当，俟后之操觚者，为广其传也。是今日所言，汪君其命之矣。墉不敏，请如汪君之指，敬叙近日之灵迹，以志神惠。谨按：

嘉庆十六年，旱，民祈于神，果大雨，岁以有秋。嘉庆二十五年秋，大水平地，深数尺，神为默佑，水骤涸民以无恙。道光元年，又大疫，有见梦于神者，神授以方，方竟奇验，疫不危害。凡此，皆二十年来，神惠之，著于新邑者。

夫神之威灵远被于徽歙以东数千里之地，而又累显于宋元明数百余年之间，生民之徼福于神者，不维新邑即之，其有感辄应，已如此。然则神之有功于民者，可殚述乎。我皇上咸秩褒封，诸祀典云，汉为昭神愈将职效灵大宣，其显佑斯民之力，民不忘神之大惠，其愈永念，圣天子怀柔，百神俾民春秋祈报，垂为定例。是渌渚之庙，诹日以祭，今列于常祀，则宜祭有定期，谨择：春，三月初三日；秋，九月初十日，为入庙展礼之。辰岁以为常。届期赓迎神送神之曲一章，使歌以侑，以见与祭者之。济济跄跄极千载一时之盛，并有感谢乎。神之赫然炳灵其保障捍卫之功，有以上达夫宸聪也。其词曰：

环登佳节正蓬蓬，钟灵毓秀同高崧。

异人诞降天所崇，金盆之梦神为雄。

亦有大人占维熊，儒门端委推圣童。

显其孝兮隐其忠，骑箕归去何匆匆。

赞翊皇图普护工，钱江千丈浪融融。

辟则实镜磨青铜，有时骇浪如奔洪。

胥车种马声隆隆，天吴跃起瞪双瞳。

长年惊顾心忡忡，维神应祈哀其穷。

屏折丹兮却霆霹，狂飚顿息收乌篷。

否则一掷凌鲛宫，恒旸恒雨螗复螽。

豚蹄卮酒劳村翁，居高首下陈其衷。

祝黍翼翼禾芃□，神明喜悦岁经丰。

家厌粳稻兼葵菘，五行沴气流环中。

遘者为疫缚其躬，呻吟床笫万室同。

游光野仲纷交讧，神赫斯怒偏师攻。

挥天戈兮张天弓，自淮以西浙以东。

尽驰魅魍苏疲癃，数灵贶兮不可终。

嗟世世兮隶骈襱，讓良辰兮报神功。

铿金石兮罗丝桐，望夫君兮瞩空蒙。

霓旌羽裳葆飚风，青蛙鳖见登珠栊。

牲牷肥腯敬告充，匕有捄兮簋有饛。

神其醉止归太空，碧云万丈虹霞红。

重建周雄纪念室

当代·朱正

　　新登渌渚镇旧有辅德庙,俗称"太太殿",祀孝子周雄。自宋理宗以下,历经修扩,气象恢宏,声闻遐迩。抗日战争时期毁于兵火,胜利后修复。"文化大革命"中,以"破四旧",并宋所立"大孝坊"而被拆除。周雄事迹,由此不传。今渌渚人士宓根木、李仁贤等,联名报请富阳县文化局批准,并蒙地方政府大力支持,集资重建于镇之方家坞口,旁筑周雄纪念室与老年人活动中心。旨在恢复胜迹,开辟旅游景点,弘扬乡邦文化,丰富精神生活,以激励人才,发展经济,致力于祖国建设。富阳县地方志编委会办公室主任王君文治善其所为,躬为撰写楹联,又嘱为碑文记其始末。余虽老,不敏,未可辞谢。

　　谨考《新登县志》,周雄字仲伟,宋新城渌渚人,生于淳熙戊申岁(1188)。少年孤寒,而状貌魁梧,读书明理,见义勇为,受人敬重。事后母克尽孝道。尝奉命礼神于安徽婺源(今属江西省),忽闻母病,兼程驰归,而母已奄奄一息。于是哭泣祈祷,请减己年以延母寿,更进汤药,精心护理,母病竟起。其后经商衢州,闻母复病,漏夜乘小舟东下,遇飓风覆舟而死,年二十四。既归葬,衢人感念纯孝,祠祀江浒,渌渚乡亲亦以其所居改建为孝子祠，宝祐二年（1254），敕赐"辅德庙"额。
《志》又称，周雄殁后成神，以其聪明正直之气，屡显灵异，或
平盗寇虎狼之患，或除旱涝疫病之灾。泽被生民，功在邦国。
宋元明清四王朝历赠封号，曰翊应将军，曰助顺侯，曰宣灵王，
曰显佑运德海潮王，等等不一。春秋致祭，庙食不衰云。

　　余谓事亲尽孝，乃我中华民族文明之象，优良传统之一，
百世而下所宣继承发扬者，此尽人而知也。至若灵异之说，每
多以为荒诞。而究其实际，则为前人之于周雄，既钦敬于其生
前，故神化于其死后。与俗所传颜太师以兵解，文丞相为蝉蜕
者，同一心理反映。盖亦传统文化现象，未可一概以迷信目之
也。渌渚人士明乎此，因时顺化，扩充尽孝之道而为敬老，深
究灵异之说而为尊贤，以纳入社会主义精神文明之中。古为今
用，其义深矣！余又谓渌渚位于桐庐、富阳之间，前临鼍江航
道，后傍杭淳公路，上接严子陵之濑、谢皋羽之台，下及孙仲谋
之岗、黄子久之居，江山人物，秀美雄奇。即以其处借周雄之胜
迹，辟为旅游文化景点，使人游目骋怀，寻思振作，其义亦深，
固不仅有利于开发农村经济，建设物质文明而已也。

　　庙及纪念室之建造，经始于公元1991年10月，次年10月
落成，正式开放。堂皇正大，肃雍光明。周雄塑像，绿袍冠带，
俨然端坐。有关文物，陈列纪念室中。庙、室两相辉映。游人旅

客观瞻企幕，盘桓俯仰之际，周雄当日精神可以想见，而渌渚人士承启之心亦可思而得之。影响所及，将见我炎黄子孙自尊自爱，奋发图强，致力祖国文明事业，俾进于大同之世，民生安乐，幸福无疆。厚望在兹，余与王君其亦勉乎哉！1992年秋，洞桥镇逸庵朱正记。

我们今天为什么还要弘扬孝道文化[1]

当代·吕洪年

在中国古代传统文化中，孝道是一项重要的内容。儒家认为"孝弟也者，其为仁之本矣。"一部《孝经》，把孝称作"天之经也，地之义也"。这部不足两千字的古籍为历代所重视。自西汉武帝"罢黜百家，独尊儒术"之后，以孔子为代表的儒家思想被尊崇为正统思想。西汉皇帝（从惠帝刘盈始）的谥号前面加个"孝"字，东汉选拔人才的方式主要是举"孝廉"。一套二十四史中，多有《孝友传》《孝义传》，集中表彰历代孝悌力行的人。宋代以来，《孝经》被尊为"十三经"之一，进学读书者必经诵习，科举考试从这里出题。宋明以后，社会上有大量蒙书问世，更用通俗浅近的语言，用生动形象的故事宣传孝道。一部《二十四孝图》，妇孺皆知，《劝孝歌》《劝报亲恩篇》等更是集中地宣传孝道。

在我们这一片吴越大地上，就有着十分丰富的孝道文化资源。历史上出过众多的孝男孝女，比较著名的就有上虞的曹娥，她是正史中提到的第一个女孝子。曹娥虽不见于我们今天常说的二十四孝，但她的知名度很高，在古籍中出现的频率也

---

[1] 本文原载于中共杭州市委党刊《杭州》2009年第2期。

比较高。正是因为曹娥的孝道传说，她溺水而死的江改名为孝女江，又名曹娥江。此外还有浙江义乌这一地名的来历。提起浙江义乌，中国人没有不知晓的，它是目前中国规模最大的小商品城。可这"义乌"二字，与原来一个叫颜乌的孝子有关，知道的人并不多。据说，颜乌是会稽人，事父至孝。父亲死后，颜乌葬父，负土成坟。一群乌鸦衔土帮助颜乌葬父，葬毕，群乌因衔土而嘴巴受伤。后来为了纪念孝子颜乌，就将颜乌家居之地，叫做乌伤。王莽时称乌孝。唐高祖武德四年（621），将乌伤改名为义乌。

特别值得一提的是，我国南宋时期出在新登县（今富阳市[1]）的大孝子周雄。关于他的孝行事迹与文化遗产，我们曾受浙江省非物质文化遗产保护办公室领导的委托，深入富阳市渌渚镇考察，受到当地政府与群众的欢迎与接待，深感我们今天弘扬孝道文化不仅很有必要，而且意义重大。

周雄的孝行，由于宋、元、明、清四朝六个皇帝的十一次敕封，在我国东南地区浙、苏、皖、闽四省颇具影响，对他的信仰与崇拜地域范围比较宽，而且除了他的孝行之外，对他的治病、治蝗、抗暴、救灾、捕虎、除恶等方面的功绩，也有传颂。民间还把他推崇为是一方"水神"，称为"周显灵王"。因为他

[1]今为富阳区

常从钱塘江、富春江、新安江、兰江而至衢江，最后因风暴在衢江落水，按他一贯的品行，他死后也定能保护一方水土的平安。所以，富阳市的"孝子祭"庙会，规模很大。

周雄孝道文化的载体，是"太太殿"庙会，可以称为"孝子祭"，简称"孝祭"。以传统的祭祀礼仪，来弘扬与教化古已有之的孝道，尚不多见。相传旧历三月三、九月九为春、秋两次庙会，抬周雄的塑像到各村"出巡"，并在他的外婆家百丈山下郎家庄宿一夜。出巡时有响锣开道，接着高照队、铜锣队、呼叉队、花篮队、十番队，均为各村自发组织的会班，民间艺术沿路表演，观者如潮，风起云涌。然后便是"神桥"，十六人大扛。然后还有十分庄严、肃穆的祭祀仪式。如此规模的庙会与隆重的祭祀，周雄的事迹与孝行，当然传布开去，影响深远。

弘扬以周雄为代表的孝道文化，构筑今天现实社会需要的"和谐社会""和谐群体"与"和谐家庭"，这是当今文明生活的一个新亮点。我们今天为什么还要弘扬孝道文化？传统孝道文化的精华与糟粕到底在哪里？这是我们今天所要深入思考与探讨的问题。为什么我们今天还要提倡与弘扬孝道文化？我们这一代绝大多数中年人，"上有老，下有小""工作压力大""经济收入低"。活得真有点累。俗语说，"一代还一代"，养子女，是前世欠的账，今世要还的；我们今天想照顾老人，也

禄渚周雄孝子祭

是心有余而力不足，除了个别人有"吃老""扒老"思想之外，大多数是抱着勉为其难的态度。

什么是"孝"？按照传统的说法，便是"善待父母"，子女在成年之后，要使父母在生前生活得快乐、幸福，在死后能得到很好的安葬，料理好后事。"一代还一代"的思想，是做父母的一种自我安慰，不应当作为子女不孝顺的借口。为什么子女要孝敬、孝顺父母，我个人的理解，是因为父母对子女有三种"恩情"，子女长大后应当"报答"，如果连一点起码的报答之心也没有，还讲什么道德与法律？有无报恩的思想，是衡量一个人有无道德、其道德高低的起码标准。如果不讲报答，在朋友之间，便是自私的占有与无情的掠夺，在父母与子女之间，便是"寄生"与"不尽义务"。

父母对子女有哪三种"恩情"呢？一是生育之情，二是养育之恩，三是教育之泽。《孝经》说，"身体发肤，受之父母，不敢毁伤"；孔子说，"子生三年，然后免于父母之怀"；《诗经》上说，"父兮生我，母兮鞠我"，等等，这都是说父母对于子女有生育之情，养育之恩和教育之泽。

我认为孝道在终极上的基础，便是伦理上的报恩观念，如果说生儿育女是每一个公民的义务，并因此认为父母对子女没有任何恩惠，这种观念是不能成立的。难道父母的生育，不是一种亲情，父母的养育不是一种恩惠，父母的教育不是一种恩泽，对此都不应当报答？动物尚且能够反哺：小羊跪着吸母乳，小乌鸦会给老乌鸦喂食，何况我们人类呢？

说到这里，也许有人会说，人到老年以后，在他不能再为社会做贡献、丧失劳动力的时候，社会和国家应当对他担负起责任。这话当然是正确的。社会愈进步，经济愈发展，社会对老年人的保障，也必然愈加完善。这是社会发展的必然趋势。原始社会，生产力低下，有的民族和地区，对老年人是遗弃的，让他们到山上去自生自灭，名叫"弃老山"，老人在山上住的窑洞叫"自死窑"，后来因为老年人经验多，有许多事情年轻人不知道，需要向老年人请教，要他们解决难题，才反过来把老年人从山上接回来，变"弃老"为"敬老"。国家、社会对老年人有责任，做子女的不能因此而对父母不知报答。

何况，我们今天还不仅仅要孝敬、孝顺自己的父母，而是还要"老吾老以及人之老，幼吾幼以及人之幼"。今天，我们提倡忠、孝于父母，并同时要由此而扩大到忠、孝于国家和社稷。"尊老爱幼"要成为全社会的美德与风尚。

当然，对于孝的问题，过去社会对它强调得过分。统治者为了要人愚忠，也便要人愚孝。《二十四孝图》中的有些故事，其实都是在宣传愚孝。所谓愚孝，即是子女们牺牲自己的健康，牺牲自己的妻儿子女，甚至牺牲自己的生命来行孝，使许多子女付出了沉重的代价，制造了许多人间的悲剧，所以古代有不少孝子，为了以孝出名，以孝升官，不惜弄虚作假，欺世盗名，这是古代孝道走到了它的反面——虚伪和欺骗，完全是一种糟粕，我们在今天也完全应当将它抛弃。

主要参考文献

1. 明·成化《杭州府志》

2. 明·冯梦龙《智囊补》

3. 明·万历《新城县志》

4. 清·雍正《浙江通志》

5. 清·嘉庆《西安县志》

6. 清·道光《新登县志》

7. 民国《衢县志》

8. 顾颉刚. 妙峰山[M].上海: 上海文艺出版社, 1988。

9. 明·王圻. 稗史汇编[M].北京: 北京出版社, 1993。

10. 李亦园. 人类的视野[M].上海: 上海文艺出版社, 1996。

11. 王铭铭. 村落视野中的文化与权力[M].北京: 三联书店, 1997。

12. 韩森著, 包伟民译. 变迁之神: 南宋时期的民间信仰[M].杭州: 浙江人民出版社, 1999。

13. 爱弥尔·涂尔干著, 渠东, 汲喆泽, 宗教生活的基本形式[M].上海: 上海人民出版社, 2006。

14. 朱海滨. 祭祀政策与民间信仰变迁[M].上海: 复旦大学出版社, 2008。

15. 王健. 利害相关, 明清以来江南苏松地区民间信仰研究.[M].上海: 上海人民出版社, 2010。

后记

　　从接到撰写《孝子祭》任务至今,已经有一年多时间。接受这一任务的初衷,是考虑到自己作为富阳非遗保护的管理者,对周雄文化的很多内容还比较陌生,希望通过对这一课题的研究,能够全方位了解周雄文化,尤其是周雄祭祀文化、周雄孝文化。一年下来,更多的体会是周雄文化的丰厚和写作的艰辛。

　　提到"孝子祭"这一项目,为它殚精竭虑出了大力的是时任省文化厅非遗处处长的王淼同志。当年他就高屋建瓴地提出,这个项目很有现实意义,真正能古为今用,就邀请浙江大学非物质文化遗产研究中心学术委员会副主任吕洪年教授和他的学生——萧山图书馆副研究馆员翁迪明同志专程来渌渚调查考察,摄制视频短片。之后,又在富阳举办浙江省孝文化论坛,请吕教授做主题发言,吹响了发掘、保护、弘扬传统孝文化的号角(其演讲稿后来发表在杭州市委党刊《杭州》杂志),这就在全镇范围内做了一次广泛的动员与发動，为这一项目的区级、市级、省级、国家级的申报打下了基础。王淼同志在渌渚考察孝子湾文化公园规划时，还前瞻性地提出了"杭州有个太子湾，渌渚有个孝子湾"的旅游宣传口号。在孝子祭申报国遗项目的过程中，浙江师范大学陈华文教授、杭州师范大学顾希佳教授给予了很多意见和建议。这次，由省文化厅安排请吕洪年教授为书稿《孝子祭》进行审读。他虽年事已高，但仍然精神抖擞，精心而审慎地伏案工作，提出许多宝贵意见，使书稿日益完臻。在此向我尊敬的"非遗老王"、吕洪年教授、陈华文教授、顾希佳教授、翁迪明研究馆员表示诚挚的谢意！

在省文化厅的引领下，在渌渚镇政府和区文广新局的推动下，富阳周雄孝文化研究会的几位老同志也自觉参与到孝文化的挖掘中来。陈华林先生搜集、整理了周雄文化的大量史料，孝子祭国遗项目申报的大部分辅助材料就是他提供的。张宝昌先生寻访周氏家谱，查找周雄身世；提出孝子祭祭祀规程，规范孝子祭仪式。在柯士成先生努力下，他家乡永昌镇青何村周孝子祠得以修复、孝子祭得以恢复，成为青何村非遗馆的重要组成部分。孝子祭省级代表性传承人李仁贤根据民间口口相传的周雄故事，编撰出版了《周雄传奇》。在周雄纪念馆文化陈设布展中，张宝昌、陈华林、柯士成、王益庸、倪国萍、孙健龙、李仁贤等对布展的内容与形式提出了许多合理化建议，并完成了布展的所有文字材料。为了比较完整地呈现孝子祭仪式，渌渚镇政府和区文广新局组织研究会相关人员，讨论祭祀供品、服装、道具、人员、流程等，为孝子祭春秋祭祀仪式的恢复打下了良好的基础。六渚村村支两委与周宣灵王殿管理人员积极组织村民参与孝子祭活动。没有大家的积极努力，国遗项目的申报、周雄纪念馆的建设、孝子祭的恢复是不可能完成的任务，此书的编撰也会成为无米之炊。在此，对所有参与孝子祭文化挖掘、孝子祭活动恢复的各位同志表示诚挚的感谢！

根据图文并茂的编写要求，本书附有大量图片。要特别感谢吴昱先生、徐建华先生、徐昌平先生、徐延镔先生，本书的照片基本上由他们提供。同时也要感谢这些照片的拍摄者，他们用镜头留下了记录孝子祭的珍贵画面。

周雄文化研究这一课题涉及内容广泛，有待深入研究。孝子祭是周雄文化的重要组成部分，笔者不揣浅陋，对周雄孝子祭的祭祀对象、文化空间、信仰传播与流变、特征价值、保护传承等进行了比较全面的梳理。文稿中存在的问题都是由笔者的学识和时间有限导致，请多多指正。

方仁英

责任编辑：方　妍

装帧设计：薛　蔚

责任校对：高余朵

责任印制：朱圣学

装帧顾问：张　望

图书在版编目（ＣＩＰ）数据

渌渚周雄孝子祭 / 方仁英编著. -- 杭州 : 浙江摄
影出版社, 2019.6（2023.1重印）
　（浙江省非物质文化遗产代表作丛书 / 褚子育总主
编）
　ISBN 978-7-5514-2451-6

　Ⅰ.①渌… Ⅱ.①方… Ⅲ.①祭祀—风俗习惯—介绍
—杭州 Ⅳ.①K892.29

　中国版本图书馆CIP数据核字(2019)第101842号

LUZHU ZHOUXIONG XIAOZIJI
渌渚周雄孝子祭

方仁英　编著

全国百佳图书出版单位
浙江摄影出版社出版发行
　　地址：杭州市体育场路347号
　　邮编：310006
　　网址：www.photo.zjcb.com
制版：浙江新华图文制作有限公司
印刷：廊坊市印艺阁数字科技有限公司
开本：960mm×1270mm　　1/32
印张：6.75
2019年6月第1版　　2023年1月第2次印刷
ISBN 978-7-5514-2451-6
定价：54.00元